福慧好當家

釋果東 著
菊子 繪

編序

修福修慧，人人都是好當家

法鼓文化編輯總監◎釋果賢

生活中，處理各種人際關係、人事境界，乃至面對自己本身的情緒和思惟，你可曾真正地「當家作主」？

當年，法鼓山創辦人聖嚴師父從軍中退伍、二度披剃出家的時候，師公東初老人曾以一席話勉勵他：「我的師父曾經傳我一句話，現在傳給你：『當好自己個人的家，便能當一個寺院的家，能當好一個寺院的家，就可當天下眾人的家了。』」這段話，師徒代代相傳至今，顯見「當家」對出家僧眾來說，是一件至關要緊的事。當家，意味著一個人能夠獨立思考、不依賴、能承擔，不僅能夠做自己的主人，處理外在事務和人事關係，也能夠充分掌握原則，安己安人、成人成事，進一步利益大眾。

「當家」不只是出家人的一門必學工夫，在每個人的成長過程中，同樣也是一堂必修功課。那麼，怎麼樣才能成為一個好當家？

《福慧好當家》是方丈和尚果東法師繼《抱願，不抱怨》、《原諒，好緣亮！》之後，第三本分享生活佛法的著作，內容所談的，即是關於「當家」這個主題。二〇〇六年九月，果東法師由聖嚴師父手中接下方丈一職，成為法鼓山第二任「當家」。十年來，對外代表法鼓山教團，回應各界並關懷社會大眾；對內凝聚僧俗四眾，依循師父教導，共同推動法鼓山的理念。這樣的當家歷程，一直受到許多人的敬佩，常有人會讚歎：「聖嚴師父真有智慧，推舉廣結善緣、心量廣大的果東法師。」不過，大眾最想知道的是：方丈和尚有哪些當家祕訣？他是如何從師父身上，學會當家的本領？

方丈和尚在本書裡翔實分享了有關「當家」的原則、觀念和實踐方法。書中內容共分四部分：「安心生活家」就關懷信眾的實例，來談一般人最關心的家庭和諧；「自在分享家」從服務社會回歸自我反省，從轉化心念、照顧自心，來當好自家的主人；「和喜如來家」分享出家及擔任方丈的學習，包括師父親自教導「承擔」這門課；最後的「福慧行動家」則是勸勉大眾，正信學佛、提昇自我生命，正是開啟智慧、學習當家的入手處。

書中每篇分享，均來自方丈和尚學佛修行的體會，以及對師父教導的實踐，這部分，同為僧團的師兄弟，感受尤其深刻。例如每次僧團召開重要會議時，身為主席的他，一定讓每個人都充分表達意見，如果討論尚無法有定案，必須由他裁決時，他一定先站在各方立場，肯定每個人的建議，再詳細說明決策緣由，一如他在書中所言：「我與所有僧團法師都是師兄弟，我不會要求，唯有懇求和合共事，互信互助、互敬互諒。」

方丈和尚秉持師父教導的「行事六要領」，互勉建立僧團的和諧關係；對於信眾和義工，隨處以光明、正向、契理契機的活潑言語來做關懷，「盡心盡力，隨緣努力。轉化壓力，成為助力」、「理解現象，包容狀況，持續溝通，成就修行」……，這些琅琅上口的祝福語、勉勵語，全來自他平日實踐的工夫。方丈和尚對於語言的用詞遣字，格外注重，例如因故無法出席人家的邀請，他會特別提醒負責回覆的執事菩薩「婉謝」對方，而不是「婉拒」，用一個「謝」字來傳達對人感恩的心意。小小的用詞遣字，實踐的正是佛教徒的基本修行，時時保持身、口、意三業清淨。

書名《福慧好當家》，體現了方丈和尚從學習當家、做好當家，到福慧傳家的歷程，他並以親身的實踐，告訴我們每個人：當家不難，學佛修行、培福又修慧，時時抱持謙卑和敬、慚愧懺悔、感恩報恩的態度，便是學習當家之道的最好途徑。

目錄

Chapter 3

和喜如來家

Chapter 4

福慧行動家

Chapter 1

安心生活家

01

珍惜家人
好緣分

對多數人而言，無論出門在外遭遇何種境況，是歡喜或憂傷，心中總有一處企盼的避風港，那就是「家」。

一家人再續前緣

中文的「家」字，可從居住空間定義，也可從血親、姻親的縱向、橫向關係給予意涵。就佛法而言，決定我們在哪裡出生、在哪裡居住的條件，都是自己從往昔生所帶來的業緣。能夠成為一家人，不僅是今生有緣，其實早在無量的過去世裡，已曾相遇相會；因此今生，以父母、子女、兄弟姊妹或是夫婦的緣分，再續前緣。

一切有情識的生命，佛法稱為「有情」，主要是指人。唯有人類得以在生命過程中，接受此生的際遇，並有能力轉化生命的境界。

「有情」二字，是指有情意的意思。但是有情的人，也容易對一切人事物，生起好惡喜厭的感受，而想要追求或排斥，這便是執取心。有了執取心，也就會產生求得之樂及求不得之苦的結果。在取捨、苦樂之間不斷徘徊、流轉，很可能就這樣虛擲了一生。

因此，佛法提出一種思考：「有情的生命，有沒有可能跳脫執取苦樂的生命輪迴模式？」事實上，釋迦牟尼佛最重要的教導，就是告訴我

們：認識苦的事實，了解苦的成因，修習離苦的方法，最後終將超越苦的生命之流。

在佛陀的年代，他除了度化許多出家修行的弟子，也有不少在家居士聽聞佛法，向佛請益，佛法是適合每個人的。當年向佛請益的在家居士，他們的問題與今日的我們如出一轍，不外乎生、老、病、死等疑難，以及人際相處之道。而佛陀總是契機、契理地針對不同對象，給予循序漸進的教導。

五種世間情感型態

人際互動中，與每個人關係最密切的，便是與家人互處的親情。從我接觸的信眾身上發現，再怎麼親密的一家人，難免還是有怨尤。常聽到有人說：「我都是為你好，為什麼你就是不懂我的心？」「你累，難道我就不累嗎？」「不懂為什麼就是無法與家人好好說話？」甚至認為「家人是討債鬼」，避之唯恐不及。

歸根究柢，現代家庭的煩惱主要可分為兩類：一類是個人的情緒疏理問題，另一類是家人相處的煩惱。這兩類煩惱，其實都與個人主觀的感受、認知與表達有關。要改變自己很困難，要改變他人也實非容易。相形之下，改變自己還是比較實際，至少有清楚的著力點，可從自我認識與自我成長著手。

可能有人會說：「我已成年，已為人父母，難道我還不認識自己嗎？」確實有可能。一般人對自己的認識，往往來自於經驗、知識、常識及嗜好的累積，或許知道哪些是自己喜歡的，哪些是自己所不能接受的。然而這些喜好、厭惡的判斷，只是慣常的習性反應，並不代表真正地認識自己。

認識自己，首要認識自己的心。覺察自己的心念如何生起、如何發展、如何運作，如何從言語及行為表現出來，才是認識自己的工夫。個人的起心動念和言行舉止，要常常想到是否對自己與他人的成長有利，至少不造成傷害，才能說是照顧自家、關懷家人。

人類所有的情感，均是以自我為中心所產生的關係連結。聖嚴師父曾指出情感的五種型態，即男女之間的愛情、親子之間的親情、朋友之間的友情、施和受的恩情，及以慈悲、智慧相待的道情。在一個家庭之中，這五種情感亦可同時並存。例如夫妻相處，除了愛情、親情，也可發展為知己、貴人般的友情與恩情。父母與子女，除了親情、恩情之外，基於對等、同理尊重的友情，也是現代多數父母對待親子關係已有的體認。此外，父母對子女，或是子女待父母，也是家人互動的一種廣義的愛情。

在親情、愛情、友情、恩情的情感之外，佛法鼓勵將家人視為同行菩薩道的學侶：無論家中成員的性格、行為如何，若能正面解讀、逆向思考，何嘗不是來幫助我們學習慈悲、智慧的成長助緣。從被動接受轉為主動付出，心態改變，境界也將隨之不同。

每個人出生的家庭，雖是無法改變的事實，但與家人相處的每個當下，則可轉為成長慈悲、智慧的著力點，使家庭成為福慧雙修、悲智雙運的有機體。而與家人是結善緣或惡緣，也端看我們能否「隨緣消舊業，惜緣修福慧」，圓滿今生成為一家人的因緣。

傳家箋

個人的起心動念和言行舉止，要常常想到是否對自己與他人的成長有利，至少不造成傷害，才能說是照顧自家、關懷家人。

02

如何關心家人？

多數人嚮往一個和樂的家，可是現實的家庭生活，往往是拱手讓煩惱當家。原因在於家人互動愈是頻繁，所產生的利害衝突與感情矛盾也就愈多。假使不善於疏理、溝通，經由日積月累地惡性循環，也就常見

有人生悶氣「冷戰」，有人發脾氣「宣戰」。只是無論冷戰或者宣戰的一方，通常都會在事過境遷後反思：究竟哪裡出了問題，使得最親密的家人，成為自己最按捺不住情緒的烽火怨家？

常有人向我反應，平時與同事、朋友相處，態度非常和氣，不但會主動關心，還具有幽默感，合作講義氣。可是一回到家，就像影片自動切換了靜音模式，對家人不愛搭理、不想開口。有些人則是不但做不到和顏悅色、輕聲細語地溝通，甚至還把夫妻吵架當成平常事。出門在外與返家進門，判若兩人。

安家也要就業、敬業

身心與環境是相互影響的。在職場，一般人基於就業、敬業，經由努力付出，收獲相對的報酬，包括職權及同事情誼，都是一種回饋。相形之下，能夠以「就業、敬業」的心態對待家人，將家人回饋的關懷與尊重，視為自己盡責負責的「報酬」，則顯得少了。

權與責，是一組相對的概念，先有責，後有權。以一個家庭的家長來講，養家、安家是盡責盡分，溫馨和樂的親情，則是家人回饋的無形報酬。在過去的農業社會，養家責任多在男主人身上，現今社會有許多家庭，夫婦雙方各有工作，共同負起養家責任。養家是為了安家，安家則要使家中每個成員都能各盡其力，各守其分。即使工作再忙再累，還是得用心維繫家人親情。假使無法每天撥出時間陪伴家人，退而求其次，至少每週勻出一段家人共處時段，才不致使家人成為最熟悉的陌生人。

清楚自己所扮演的角色，盡責負責，與家人和敬相待，是佛陀提點在家夫婦的相處之道。其中，丈夫對妻子要以禮相待，態度尊重不輕視，提供衣食無虞的生活，讓妻子可以妝扮自己的儀容，將家庭的經濟

生活交由妻子來管理。妻子的相對義務是：照顧先生的生活起居，言語柔和，態度敬順，有預先知道先生想法的體貼默契。

二千六百多年前的家庭和睦之道，或許因時空不同，已無法全然適應現代的家庭倫理，但是盡責盡分、相互尊敬，為對方設想，仍是經營親情的要則。如果我們認同事業需要經營，友誼需要經營，那麼家庭關係更需付出時間與心力經營。

多一分禮讓，多一分和諧

至於如何避免對家人口不擇言，傷人又傷己？其實多數人是刀子嘴豆腐心，本意並非刁難，只是有時說話不經大腦，心直口快。建議不妨練習：「話到嘴邊先暫停，打個逗點，停頓一下。」想想氣急敗壞說出口的話，真的能夠表達自己的心意嗎？還是被習性綁架了，耍嘴皮子當有趣？

據我了解，家人間的齟齬，多半不是為了什麼緊要之事，只是生活中細瑣的小事。對於小事，實在不必要堅持己見，多一分禮讓，就能多一分和諧。問題就在於很多人往往看不慣、受不了，認為自己的感受最真，自己的想法最好；如果夫婦雙方堅持不下，也就難免自以為是，互相爭論計較。

夫婦相處，意見不同要彼此包容，要報恩不要報復，要講倫理不要論理，要慰問不要質問。有心改變自己的態度最重要，不說情緒性的傷人話語，轉為客觀描述，或以柔和的方式表達，漸漸就能將不好的言語行為調整過來了。

家人之間如果能夠和樂無諍，自然家和萬事興。

03

讓孩子獨立做自己

許多父母面對孩子學習獨立的過程，往往憂喜交集。一方面欣見孩子成長，卻也擔憂孩子獨立不再依賴自己後，生活頓失重心，不知該如何自我調適。也有些父母感嘆，不久前還是那樣又親又抱的孩子，怎麼忽然間變得不再交心，將父母阻隔於心房之外，不禁傷感淚流。

尊重才能減少親子衝擊

面對這樣的父母，我總是勸勉他們：父母關愛子女是親情的真摯流露，假使關愛帶著情執，則是煩惱；子女不但無法接受，甚至也可能會誤解，以為父母在控制他們。

成長中的青少年，正是處於建立自我意識的摸索階段，他們渴望尋求同儕的認可，熱衷探觸外面的世界，此時父母不再是他們眼中唯一的焦點。父母要能理解這些現象，給予尊重，才能減少親子衝擊。

其實，多數的孩子並不是不知道父母的愛，只是人生歷練有限，還無法學會管理自己的情緒。青少年有時也會察覺自己的情緒已處於緊繃狀態，為了避免父母擔心，貼心的孩子會主動表達：「心情不佳，需要

獨處，請不要理我就好。」由此可見，孩子已經能夠站在父母的立場設想，父母應當感到欣慰才是。

只是天下父母心，一聽到孩子說心情不好，便開始擔憂，不放心讓孩子獨處，反而噓寒問暖更切。一會兒說：「該吃飯了。」一會兒又說：「要不要一起出去走走？」最終還是忍不住說：「有什麼事要說出來，讓我們可以幫上忙。」結果想要獨處的孩子更加心煩，覺得不講還沒事，講了卻換來父母叨念，自然就此關閉心房。

只要關心，不要操心

面對這種情況該怎麼辦呢？只有請家長多包容、多體諒。為人父母者曾經年少，應當懂得換位思考，從孩子的立場來設想。假使孩子願意分享，很好；若是當下不想說，父母要有耐心，給予時間與空間。對孩

子要關心，卻不必擔心、操心。關心就是知道了，而自己的心，不被現象與情緒拉著跑。照顧自己要有智慧，能少煩少惱，照顧孩子則要有慈悲，能理解和尊重。

假使孩子出現叛逆行為，家長切勿硬碰硬、嚴厲責備，試著以柔和的態度與孩子溝通。即使孩子當下無法了解這份用心，等他們經歷了這段成長歲月，終有一天會回首感恩父母的付出。而放手讓孩子學習獨立，則是家長必修的一堂課。

理想的親子教育，是感性之中融合理性，二者同等重要。過度的感性容易流於情緒起伏，過度的理性則會造成關係隔閡。佛教雖有金剛怒目的慈悲之說，只是一般人不容易體會。從佛法來講，父母能給孩子最大的資產，是平時生活中給予品德教育的熏習，幫助他們建立因果、因緣觀，讓孩子學會明辨是非、善惡，對自己的言行負責。

04

小心 慢心傷人心

家人相處的煩惱問題，常見「我是為你好」的慢心。或許有人不解，同為一家人，怎會有慢心呢？其實慢心每個人都有，只是輕、重不等。父母對孩子的管教，稍不留心，很可能就讓慢心出頭。孩子對父母，也

可能會起慢心，認為父母是上一代的人，思想過時、觀念保守，難以溝通。至於夫婦或是兄弟姊妹之間，也可能相互比較、計較，只是有的外顯於言語行為，有的在心中作意而已。

不執著一廂情願的想法

「我都是為了孩子好！」一位母親帶著請假休學的孩子來看我時如此說。或許基於信任的緣故，她毫不掩飾地在我面前抱怨：「我的孩子性格孤僻，常常鑽牛角尖，容易想太多。」而在一旁始終沉默的男孩，顯然不認同母親的說法，邊聽邊掉淚。

這位青少年因有身疾，生理發展遲緩，個子較矮小。近期因病情加劇，必須請假在家調養。原本如風飛颺的校園生活，而今卻必須休學待在家裡，他的沉悶是可以理解的。當這位少年落淚時，或許是認為自己的身體被病困住，所以流下委屈的眼淚吧！他告訴我：「父母對我的好，我都完全明白，只是現在的境況，使我不由自主地隨著情緒起伏；有時心情跌落至低谷，就是想往上爬也無能為力。」

當孩子還無法建立自信時，來自家長的引導，給予信心與支持很重要。給予支持的前提，則是「傾聽與尊重」，而非落入一廂情願「我是為你好」的想法。

覺察慢心

一廂情願的「我是為你好」，除了見於親子關係，夫婦相處也不乏其例。有位女士就在我面前數落先生：「我都是為他好，他卻不聽勸。」在這種情況下，我當然會勸勉應當要改變，但是誰來改變呢？正是數落他者的當事人。

從佛法來講，「我是為你好」帶有比較、爭論的慢心，眼中只見他人的缺點，卻忘了從內心來看自己的過失。「煩惱消歸自心，從自己身上找問題。」是我對這位女士的建議。

慢，有驕傲的意思，當中又含有慢、過慢、卑劣慢等不同型態。自己與他人其實程度差不多，卻認為自己比較優秀，就是「慢」。認為自己很優秀，還瞧不起他人是「過慢」；自己程度不及他人，卻又輕視別人，則是「卑劣慢」。

慢，所帶來的煩惱，如滾雪球一般，層層加覆，愈滾愈大。起了慢心會覺得不平，接著生起擔心，累積為憂惱，再由憂惱轉為勞累、恐懼。如果能從內心自省，發現慢心生起，認知這是自己的煩惱，當下讓慢心止步，則與慢心相緣的憤慨、擔心、憂惱、勞累、恐懼等，也就無從生起。

幾個月後，這對夫婦特地來感謝我。原來這位女士聽了我一席話，起初還覺得忿忿不平，認為問題出在先生身上，怎麼反而是要她轉念呢？後來她抱著姑且一試的心態，從內心看自己的問題，這才發現是自己太驕、太傲，看不到自身缺點。從此她學習轉念，改變對先生的態度，夫婦相處也轉為融洽。

消融煩惱，要從自己身上著手，這對自我成長與和樂家庭，都是非常重要的一課。

傳家箋

給予支持的前提，則是「傾聽與尊重」，而非落入一廂情願「我是為你好」的想法。

05

關懷 不能有得失心

人與人的關係很微妙，有些人的性格特質很容易獲取他人信賴，多數人則必須由長期互動，才能產生信任感。家人相處，也須從知己知彼，建立信任感，進而體諒、包容。這一點雖然很重要，卻不容易做到，因此我常說：「關懷容易，體諒、包容難。」

恰到好處的關懷

關懷的需求，因人而異。有時對方只希望有人傾聽，並不需要他人回饋意見，此時傾聽便能發揮關懷的功能。也有一種情形，對方請你提供建議，你卻用錯心思，反而掉進問題的泥淖。例如有些人提了建議，很在意家人是否照著去做？倘若對方回饋不如預期，便認為自己是白費心思，白忙了一場。

所謂百聞不如一見，眼見不一定為真。有些人領受建議，行為正在調整，只是從外表還看不出明顯改變。有些人受到關懷，確實有了改變，也願意主動表達；至於未主動表達者，也不能因此主觀認定對方完全不採納建議，將你的話當成耳邊風。

付出耐心和時間關懷

一般認為，親情是天生的，不過，家人間的互信、互諒，還是需要付出耐心和時間來關懷。

有位父親為了改善親子關係，即使年近半百，仍試著接觸女兒喜好的流行樂曲，對於女兒追捧的歌手作品，從一無所知到如數家珍，甚至能跟著一起哼唱。有了這個共同興趣，確實讓親子關係大為改善。女兒覺得父親挺跟得上時代，潮流資訊迅速掌握；而父親所分享的佛法價值觀，讓她與同學相處時，也有所助益。這位父親同時從中獲益不少，不僅取得女兒的信賴，還因此開發潛能，琢磨出歌唱的心得。

為了關懷利他，投入與對方相同的工作或興趣，進而提供對方所需的關懷，佛法稱為「同事」。佛教經典中最著名的典型，便是觀世音菩薩的三十二應化身。菩薩會隨因緣所需融入人群，使對方產生信賴感，進

而帶動淨化社會人心的力量。

從關懷到體諒、包容，乃至同事利他，重點都在於不能有得失心。帶著得失心做關懷，慈悲心會變成煩惱心。付出關懷，不求回報；不給自己壓力，也不造成他人壓力，這樣的關懷才有建設性。

傳家箋

一般認為，親情是天生的，不過，家人間的互信、互諒，還是需要付出耐心和時間來關懷。

06

自在度過空巢期

父母眼中的孩子，無論年歲多寡，往往是一生放不下，也丟不開的牽掛。即使子女已成年，甚至邁入中年，只要回到父母身邊，大部分媽媽還是會滿心歡喜，親自下廚照料兒女三餐，不嫌勞累。關愛心切，難免也

會習慣嘮叨管教。我曾目睹一位九十多歲的「阿祖」，當眾數落七十多歲的「阿公」說：「你從小就不聽我的話，到現在還是一樣。」此情此景，不禁令人莞爾。

無常是觀念，更重體驗

父母是父母，孩子是孩子，這是不變的事實。假使對親情過度執著而起罣礙，甚至嚴重影響到日常生活，就要提醒自己練習放下，轉換生活重心，否則日積月累，反而會造成親子衝突，關係可能變得疏離。

有位女士感慨地說，從前為人子女時，總覺得母親的愛太過沉重，對子女百般牽掛，不但自己受煎熬，子女也不好過。因此她打定主意，將來結了婚，有了小孩，絕不可像母親那樣為子女牽腸掛肚。可是事與願違，當她轉換角色身為人母，卻發現年輕時以母親做為借鏡的警惕，不僅沒有奏效，反而像是照鏡子一般，相同的情景在她身上不斷重演。如今的她對孩子百般牽掛，即使孩子已成家立業，仍是放不下、捨不得。孩子如果陪伴在旁，她就不擔心；孩子一旦離開，她的掛念便盤據心頭，如影隨形，揮之不去。

人世間最難放下的執取，除了對自己身體的執著，就是父母對子女的關愛。這是因為父母把子女視同己身，這樣的愛或許付出無悔，可是一旦執取不放，就會牽絆彼此，不自由。

已經成年的子女，不可能永遠與父母同住一起，甚至有些家庭的子女，遠赴異國他鄉，親子相聚僅止一年一會，但他們還是走過來了。原因無他，就在於接受無常的事實。這位女士其實也能接受無常的觀念，也知道要放下，可是當自己身在思念的苦海，卻無力掙脫，只有愈陷愈深，原因就在於沒有下定決心去調整。

坦然度過空巢期

空巢期是中年父母必經的人生階段，由於已近更年期，往往容易伴隨憂鬱、失去生活重心、失落感等種種問題一併生起，對孩子的情感倚賴，也就更為加劇。面對這種情況，應當要坦然面對、接受事實。

佛教經典常以鏡子為喻。例如釋迦牟尼佛曾以鏡子教導他的孩子羅睺羅，問他：「人為什麼要使用鏡子？」羅睺羅答：「要用鏡子來反照自己的臉，看乾不乾淨。」世尊接著開示，反省就如以鏡子反照自己，省察自己的行為：想想哪些事做了，會讓自己快樂，也讓他人快樂；哪些事做了，會讓自己痛苦，也使他人痛苦。如果做這件事，能讓自己和別人都離苦得樂，那就應當去做。反之，所做的事，對自己和他人會造成痛苦，那就不應當去做。

父母的行為模式，往往是孩子的借鏡；如何避免親情執著產生的罣礙，除了決心，還要有實踐的勇氣與毅力。知道無常，卻無法接受無常，等於是拒絕讓自己能有改變的機會。借「鏡」反照，當有智慧做引導；借「境」鍊心，才是智慧的修習。跨出第一步總是最艱難，然而只要開始，便是突破；接下來第二步、第三步，就能愈走愈從容，找到家庭新生活的適應方式。

傳家箋

父母把子女視同己身，這樣的愛或許付出無悔，可是一旦執取不放，就會牽絆彼此，不自由。

07

與孩子一起學放鬆

現代社會生活節奏快，想要忙裡偷閒、放慢步調似乎很難。而凡事求快，容易導致急躁、注意力無法集中、拖延等問題，又稱為「快節奏症候群」。這種現象，不僅反映於成年人身上，也影響兒童成長。值得玩味的是，有些家長只看見孩子的教育問題，卻無法覺察自己正是推波助瀾者。

三分鐘熱度

有位母親帶著家中的小男孩來見我，小朋友看起來乖巧懂事，只是舉止略顯拘謹，時而左右手交換緊握。原來在母親眼中「只有三分鐘熱度」的小男孩，出門前已被囑咐：見到法師要恭敬有禮貌，動作要收斂，不可比手畫腳。從孩童口中聽到這番家長的教導，使我印象深刻，也令我好奇：究竟「三分鐘熱度」的問題出在哪裡呢？

這位小菩薩的表達及理解能力甚佳，他說他並不是什麼事都不想做，只是對「某一類事」不感興趣。我問他：「對什麼事不感興趣呢？」他說：「做功課、練琴，只要跟學習有關，統統不想做。」我又問他：

「那你想做什麼呢？」他回答：「想吃！想玩！」

其實，小朋友對自己的行為及動機都很清楚，問題就在於學習的定義。如果家長是以分數導向來評斷孩子的學習成果，而孩子無法達到父母期許，轉而產生抗拒心理，那麼家長應當正視對孩子的要求是否合理。這位小菩薩也說，他並不討厭才藝課，有時心情特別煩，就會想畫畫，畫不好就撕掉重畫，漸漸地也就不再煩躁了。當我問他：「畫不好撕掉與重新再畫，哪裡不同？」他很有自信地回答：「我重畫後，變得比較專注了。」

專注是身心放鬆的結果

前一秒躁動撕畫，下一秒轉為專注，我認為關鍵在於不再緊張。一般人由於追求成效，導致身心緊張，反而影響到工作與學習的能力和效

率。這個小朋友能投入自己感興趣的繪畫世界，卻不感到壓力，很可能就是因為放鬆，而進入專注的狀態。

平時在家裡，家長也可以帶著孩子練習放鬆，放鬆的要領，則是不帶目的地感受當下。例如走路時，可將注意力放在腳底，雙手自然垂下、擺動，或是輕輕地握拳，不論左手輕抱右拳或右手輕握左拳皆可，再將交握的雙手提放於腹前。走路時，腳步放緩，欣賞每走一步，腳掌輕觸地面的過程；前一腳踩穩了，另一腳再提起，一步一步，踏踏實實地走。

也可以使用另一種放鬆方法，將注意力放在鼻前，體驗吸氣時的清涼、呼氣時的溫暖，即使三、五分鐘也不嫌短，重點在於過程的體驗。有時我也會建議念佛菩薩聖號，幫助收心、攝心，假使環境允許，最好能夠出聲念，才有個專注的所緣對象。從禪的體驗來講，這些方法都可視為放鬆身心與收攝散亂心的前方便，同時有助於身心安定。

有個小插曲，當天這名小菩薩還當我面前告狀，其實母親跟他一樣急性子，常常為說錯話而在事後道歉。這麼一來，反倒是小菩薩的母親顯得尷尬了。她看著小男孩感恩地說：「孩子就像一面鏡子，讓我看見不安的自己。」雖然有時孩子使她擔心，其實已經非常懂事，也願意學習調整。如今母子倆相約，一起學放鬆，享受不一樣的人生風景。

傳家箋

一般人由於追求成效，導致身心緊張，反而影響到工作與學習的能力和效率。

08

跨越人生的關卡

我常以「起、承、轉、合」與大眾共勉人生的目的、意義與價值。「起」，是尊重生命的緣起，受報、還願是人生的目的。「承」，是莊嚴生命的承擔，扮演好自己的角色，盡責負責是人生的意義。「轉」，是透過發願、迴向，來轉化、淨化生命，利人利己、增長福慧是人生的價值。「合」，是眾緣和合，理事融合，圓滿生命。

活得是否值得？

有位女士的兄長於十多年前驟然辭世，身後留下債務及失明的女兒，亟需親友接濟。當時她以較好的經濟生活條件，允諾撫養姪女，視如己出。她也確實說到做到，全力栽培，甚至辭去高薪工作，將姪女帶往加拿大求學。

幾年前，為就近照顧身患重症的母親，又返回臺灣定居。不料母親因生病不適，經常躁動不安，甚至對她口出穢語，拳腳相向，讓她備覺委屈。回想自己一路走來，先是為培育姪女而出國，後為照顧母親而返臺，來去之間從不為自己設想，可是這樣地全心付出，究竟換來了什麼？難道就這樣過完一生嗎？因此忍不住感嘆說：「人生好苦、好無奈，下輩子不要再當人了！」

這位女士的心地良善，待人非常慈悲，所以心甘情願承擔照顧姪女及母親的責任。她會發出感慨，是因身心不堪長期負荷重擔，但若真要她放下病中的母親置之不管，大概也無法做到。避免身心俱疲，其實有方法。長期照顧家中病人，致使體力不勝負荷，可請其他家人或是聘請看護輪替照顧；心理的疲累，則需要從觀念和心態調整，來幫助自己安心、安身。

悲智互佐，福慧同行

如何跨越人生的關卡？從大乘菩薩行的立場，轉化生命的力量在於發願，行願則是透過自利利他，學習慈悲、智慧互相增上。每個人的根器不同，有些人的慈悲心較強，但如果缺乏智慧，對所要關懷的對象沒

有實質的幫助，甚至會帶給自己困擾，因此也要學習自我成長、自我消融的智慧。有些人以智慧體證為學佛初步，當有所體驗後，也要福慧雙修，悲智雙運，走入人群，奉獻利他。

菩薩的受苦受難，不等於有苦有難，要能不畏苦難，才能救苦救難。有心奉獻，值得肯定，但也要關照自我成長。利人利己，相輔相成，慈悲、智慧兼備，人生的道路自然光明遠大。

傳家箋

轉化生命的力量在於發願，行願則是透過自利利他，學習慈悲、智慧互相增上。

09

打開心房 接受新家人

每個家庭都會經歷家中成員重整的時刻，不論是嬰兒出生、結婚成家、領養小孩，或是家人往生，都代表另一階段的開始，都需要全家人共同學習成長。面對家中從此多一人，或是少一人，最重要的是，如何去體

驗和感受這樣的人生歷經所帶來的成長。

嫁女兒和娶媳婦，對家長來說，都是一樁心願的圓滿，卻也常見喜淚交融的場面。喜的是見到下一代結婚成家，總算卸下了一份重擔。淚眼不捨，多半為女方家長的心境，好不容易把女兒養大，她卻要嫁人了，從此家中少一人。對於男方家庭來說，兒子娶媳婦，則是從此家中多一人，面對家庭成員的重新組合，同樣也需要適應。

有位女士，從小是全家掌上明珠，父母與兄長給她無微不至地關愛，她也非常珍惜這份親情。但是兄嫂嫁進門之後，她覺得家人對她的關愛被兄嫂取代了，一度感到難以調適，不禁感傷。同時又覺得自己不當有這種心思，為此苦惱不已。

隨人而喜，隨事歡喜

家人間的關懷，可能因新成員加入而產生變化嗎？從現象看，確實起了改變，過去是四口之家，現在增為五人；從時間分配，也會隨著需要關懷的對象增加而重新分配。若從因果、因緣的角度來看，每個人的際遇與福報都是自己帶來的，並非來自他人給予。有了福報要珍惜，知福、惜福、培福、種福，才能經常有福。

知福，是對現況生起感恩心，認知現在所擁有的，是因果、因緣交會的成果，代表從前的努力，而於今日收獲。惜福，是珍惜自己的福報，並且與人分享；以自己能力、物力、心力，幫助需要的人，或是將自己知道的佛法分享給其他人，都是惜福的作法。

培福、種福，則是主動為他人提供奉獻服務。即使不善言詞，至少真心誠意為對方隨喜祝福，總是可以做到的。隨他人成就的好事而喜，隨他人

享有的福德而喜，能使我們擴大心量，消融因自我中心執著所生的瞋恚與嫉妒。能夠知福、惜福、培福、種福，自然少煩少惱，這才是真正的福報。

慚愧懺悔，打開心結

所幸這位女士雖然起了煩惱，卻沒有失去善根，她選擇以書信方式，向家人表達懺悔，並且問我：「我的心念這麼複雜染著，死後會不會墮地獄道呢？」我告訴她，真心發露慚愧、懺悔，是難能可貴的勇氣，代表能誠實面對自己心中的煩惱，能接受苦的體驗。佛法所說的苦，主要是指心理不平衡，也就是心不甘、情不願。即使不出口傷人、不惡意害人，只要內心不安，就會陷入惱恨無法自拔，無法離苦得樂。

我們不但要體驗接受苦，也要學習離苦的智慧，能夠反省自心、慚愧懺悔，便是遠離惡法的一種力量，讓自己的心變得柔軟，不但自己得以鬆開心結，別人也能感受到我們的溫暖，而能與人和諧相處。坦然面對自己的缺失，改過遷善，讓我們的心不再扭曲，恢復清淨，即是保護自己的初心。

因此，我勉勵她：從現在開始，練習不生氣，一旦生氣，或是發脾氣、生悶氣，就要反省檢討，慚愧懺悔。學習把握現在，珍惜擁有，覺在當下，活在當下，佛在當下。

傳家箋

能夠知福、惜福、培福、種福，自然少煩少惱，這才是真正的福報。

Chapter 2

自在分享家

01

找到工作的使命感

畢業後謀職，是許多年輕人憧憬的人生新頁。從學生角色轉換為求職新鮮人，立足點不同，加上自我期許，無不期望從此一展抱負，實現理想。而工作確實是多數人培養專長、探尋使命的重要途徑。

一名剛從大學畢業的年輕

人，為了求職問題，很慎重地問我：「如何找到人生的使命感？」他覺得人生應當負有使命，只是他尚無頭緒，還沒能找到。

工作興趣與成就感會改變

在求學階段，有些年輕人經由廣泛接觸，已能找到自己的志趣，發展為特長。通常畢業後，求職方向會比較清晰，容易聚焦。假使興趣與專長仍處於摸索期，面對求職市場，也就難免感到徬徨。

除了興趣，常見的求職心理，尚包括對工作性質的揀擇，例如喜不喜歡、成就感等。我則建議，興趣與專長可慢慢培養，至於喜不喜歡及成就感，往往是累積一段時期的經驗與感受後，所得的主觀認定，並非長久不變。等到有了歷練，原來不喜歡或者沒有成就感的工作，也可能會覺得有興趣，甚至激發成就感。因此面對求職選項，不妨多留一些彈性空間，有機會發揮專長很好，有機會開發潛力也不錯，前提是大方向要清楚。

工作成就感非使命感

從佛法來講，把握利人利己的大方向，是最好的生涯規畫；近程及中程目標，則可隨順因緣調整。近程目標，是認清現階段自己具備的能力、條件與資源，衡量自己所能勝任的工作。中程目標則是累積一定基礎之後，已能獨當一面，此時仍需充實自身的能力與經驗，並隨著大環境的機緣，承擔各階段所扮演的角色。

此外，成就感並不等於使命感，成就感偏重於自我的滿足，容易帶有得失心。使命感則著眼於工作職場整體的利益，盡心盡力，奉獻付出，以奉獻來帶動利人利己的成長動力。把這個大方向建立起來，只要是正當工作，都能找到使命感。

02

沒有永遠不變的我

《金剛經》講：「一切有為法，如夢幻泡影。」有為法，即是因緣生滅法；從個人身心到整體社會大環境，都是因緣不斷生滅變化的過程。而在如夢如幻的人生旅程，如何持續努力往前走？

有位形象清新的演藝人員告訴我，活在鎂光燈下的人生，儘管一路受人呵護，可是如同置於陽光底下的透明生活，只能任人品頭論足，無法保有生活隱私。每想及此，總是「不舒服」。而日夜顛倒的演藝生活，她雖仗著現在年輕，體力尚可承受，但「還是會怕老」，不知該怎麼辦。

對自我形象有所期許，事實上是一種學習、成長的動力。例如許多公眾人物於專業之餘，擔任公益代言，或者從事慈善、環保活動，確實容易起一呼百諾之效，帶動群眾響應。

隨著形象影響力所帶來的副產品，則是正、反面都有，有的支持、肯定，有的批評、指教，都需以平常心面對。假使為了維護形象，而對暫時現象執著不放，那是自己折騰自己，作繭自縛。

不計較、不比較

從佛法的角度，身心與環境現象，都是因緣聚散的過程。現象或許無法推拒，心理的認知、感受、抉擇與行動，則可以調適。擔心會變老，或者在意外界評論，是對內心一個假設理想的「我」，產生形象執取。從時間上的前念、後念相續，誤以為有一個不變的自我。

此時不妨練習：「不計較、不比較。」不計較、不比較，是放下利害得失的自在平常心，便是「順逆相對，好壞一體」。以平常心看待前後相緣、彼此互動的人事物現象，不對立、不執著，煩惱便無處依附。或是面對它、接受它，正面解讀、逆向思考，也可幫助煩惱習性的淡化、淨化。因此，我常與大眾共勉：「開發佛性，提起覺性。轉化個性，淡化習性。淨化心性，回歸自性。」

慈悲智慧的「內在美」

聖嚴師父曾在寫給一位西方弟子的信中提到：「不要以為時間像瀑布水流，從過去到現在乃至未來，從不間斷。你只需要專注於當下，當一個人真正了解無常的時候，他會得到真正的快樂，對未來是充滿希望的。而當他回憶以往種種，不會有任何後悔。」

希望與快樂的人生，還在於把握當下，接受無常的事實，體會無常的現象。因為無常，對過去無怨無悔，對未來積極努力，對現在步步踏實。因為無常，更讓我們懂得珍惜。珍惜什麼呢？珍惜隨著歷練帶來成長的機會，珍惜隨因緣結識而善待的人際關係，珍惜從覺察煩惱轉化為學習慈悲、智慧的廣大心量，這都是美好的人生體驗。已經擁有的美好，還要感恩、報恩，奉獻利他，廣結善緣，才能經常保持自在、會心的微笑。這樣的「內在美」，才是真正的美好。

03

放下身段的勇氣

與人互動，難免各有立場，各有看法，如果為了堅持自中我心，而不肯放下身段，又在乎他人的評價，對自我成長，其實是得不償失。願意放下身段，也就放下自我中心的執著，這是一種勇氣。

有些人參加法會或是修行

活動，身心投入，方法用上，舉手投足皆安詳。可是回到現實生活中，遇到問題，煩惱跟著來，甚至感慨：「學佛多年，怎麼還是經常被境界絆倒？」

體驗佛法，不怕失敗

佛法不離世間覺，禪在生活日用中，能使我們的心不隨境轉，關鍵在於觀照的覺察力。有些人在禪堂禪修時，有觀照的能力，回到日常生活，卻對自己的煩惱問題一籌莫展，那是被無明煩惱習氣的尾巴給絆倒了。

其實體驗佛法，往往是一次又一次失敗的經驗，愈是精進修行，所覺察的妄念、雜念更甚以往。這種情況並不是修行退步，而是覺察力與觀照力更為敏銳，此時更要提起耐心、毅力與恆心，才能感受精進的法喜、禪悅滋味。

至於面對人際關係的挫折，該如何調適呢？坊間有所謂的「EQ」（Emotional Quotient）情緒調適指數，以及「AQ」（Adversity Quotient）

挫折承受指數之說。好的EQ是人際相處潤滑劑。善於調理情緒的人，相對來講EQ較高，性格穩定，平易近人。不善調理情緒的人，動輒生氣，其實心態上已生矛盾、對立，而見言語行為的衝突。AQ，是承受挫折與失敗的承受力。挫折的承受力愈高，愈能以積極樂觀的態度面對，愈挫愈勇。挫折承受力較弱，遇到問題則容易從負面思考，對自己力有未逮，或是處理不盡周全之處感到沮喪，對他人與環境抱怨，甚至逃避問題。

超越自我中心的執著

至於佛法怎麼看挫折呢？就從自己身上找到煩惱的癥結點。感慨人際關係不如意，經常受挫，不妨平心靜氣地想想：「到底為了什麼而煩惱？」從中不難發現，與人產生矛盾、對立、衝突，無法心平氣和地就事論事，其實導因於活躍的「內心劇場」，即使每次登場的境緣不同，核心則是一致，稱為「最搶鏡頭的自我中心」。佛法則是幫助我們超越自我中心的執著，不陷入各種情境而起煩惱罣礙，包括擔心別人怎麼看我們。

在眾多方法中，慚愧懺悔有助於培養專注力。經過反省檢討，我們會更審慎留意自己的起心動念，收攝向外衝撞、馳散的散亂心，讓心境平靜安定，就能與慈悲、智慧相應。同時學習將順逆境當成是成長的契機：運用智慧來處理事，提起慈悲來對待人。經常這樣練習，心就能調伏散亂，趨向安定、柔軟。

因此，我提出四句話：「理解現象，包容狀況，持續溝通，成就修行。」其中的包容狀況，就是學習擴大心量，體諒包容。而體諒包容，一定要站在對方的立場來考量，尊重他人的看法，觀念與心態上不與人對立，煩惱自然減輕。所謂：「安心即是成就，奉獻即是修行。」冷靜沉著、心理平衡，才能護念自己，護念他人。

04

勿因衝動留下遺憾

煩惱是一種罣礙，即心中有個放不下的對象。這個對象，可能是人、可能是事，也可能是一件東西，使我們耿耿於懷，產生情緒波動。而只要是罣礙，一定是緣於我們內心的執取，只是許多人常將矛頭指向環境或者

他人，認為是心外的人事物環境，造成自己罣礙。

轉念有善根

數年前，有位居士上法鼓山世界佛教教育園區，擔任禪修活動外護義工，當時我也到現場關懷。半年後，又在另一場合巧遇，他特別趨前問我：「方丈是否有神通，否則怎會知道當時我做義工，做到想落跑？」我問了緣由，他則伸手比「一」說：「您就這樣比啊，叫我留下，把一個月的外護工作圓滿。」

我真感謝禁語成就這般巧妙地解讀。我確實做出「一」的手勢，那是問候他：「上山做義工一個月嗎？」

這位居士發心做義工，剛開始滿腔熱忱，不料兩週後開始覺得悶，心想：「怎麼每天都做相同的工作呢？」又因活動空間有限，不安的心念前後相緣，情緒轉為浮躁，於是動念想「落跑」。就在此時，內心卻有另一股聲音響起：「做義工做到落跑，以後還拿什麼臉見人？」

在煩惱念頭頑強，身心無法安住的情況下，任何一個因素條件，都可能產生決定性的關鍵樞紐。就像這位居士，有時覺得堅持崗位，才不致日後生悔，有時動念「落跑」，或許更逍遙。而他在一念之間，將我的手勢解讀為「勸勉留下」，表示他很有善根。這是三寶加持，使他堅持初發心，如果他真的「落跑」，很可能就會為自己缺乏耐心與毅力的舉動感到懊悔。

拜佛心柔軟

深陷罣礙之時，如何避免衝動導致後悔？建議多拜佛。拜佛有好幾種功能，最基本的就是全身柔軟運動。首次接觸拜佛，適合採取緩慢的拜佛方式。要領在於將身體放鬆，動作放緩，感受禮拜時身體的每個過程及動作的感覺。如果拜得太快，容易慌、亂、忙、急，反而感受不到拜佛的安定與寧靜。

拜佛時，不一定要對著佛像禮拜。假使家中沒有佛堂，也可以選擇一處寧靜的空間或是房間禮拜，只要環境不致凌亂即可，但要注意空氣是否流通，以免容易昏沉不適。

有些人為了有所求而拜佛，有些人相應於無所求的無相拜佛，都很好。心有所求而拜佛，也能夠與修行相應。例如求懺悔、求智慧、求佛菩薩護念、求修行成果，都與消融自我中心的執著相應。或是帶著感恩心拜佛，感恩一切順逆因緣，都在直接或間接地成就自己的成長。帶著懺悔心拜佛，反省檢討自慚、愧他的已造心行，乃至懺悔往昔生以來所做的一切不淨惡業，也是體驗拜佛的方法。

感恩、懺悔，能使我們的心柔軟、清淨、平靜、安定，法鼓山各式禪修活動，都會安排感恩禮拜及懺悔禮拜，用意即是在此。因此，建議平時養成定時的拜佛功課，生活中則要隨時反省檢討、隨喜感恩，才能使習氣淡化、煩惱減輕。

傳家箋

帶著感恩心拜佛，感恩一切順逆因緣，
都在直接或間接地成就自己的成長。

05

寬大
不自大

語言文字是人與人溝通最直接的媒介，人類所有的觀念、情感、學問、價值及時代風氣的演變，都與語言文字的塑造與傳播有關。

佛教對於語言的影響力極為重視，認為是每個人應具備的基本修養。所講的修養，就是心態必須同理，站在對方的立場設想，才不致傷人，進而還能讓他人感受到溫馨的關懷。

一位事業有成的老董事長，家庭和樂，待員工如家人，甚至照顧已離職員工的身心障礙子女，給予就業機會，成為員工心中的「暖老闆」。只是老董事長對自己另有期許，很重視威嚴，往往在公司不苟言笑，任何場合他一出現，立即「降溫」。

威嚴和威德

這位老董事長慎重地說，他對員工只有兩個要求：腳踏實地、不可說謊。因為他的個性很急，求好心切，同仁若是做錯，一定當場指正。對方若能知錯認錯，頂多挨他幾句責備就過去了；假使不認錯，還極力辯解，後果就更嚴重了。說著說著，他忽然變換語氣，轉為自我檢討：

「說來說去，都是我個人修養不夠，應該學習每天做定課、修定修慧，才能有慈悲、有智慧。」

以我的角度來看，董事長所說的威嚴，其實是威德的展現。他處理事情的出發心是好的，也確實關照到公司同仁，否則員工又怎會讚歎他是「暖老闆」呢？至於修定、修慧，不能只是流於口說，而要言行合一，表達的語氣及態度非常重要。

把話說好，好好說話

語言文字的重要性，就在於表達最直接，感受也最直接。因此，把話說好，好好講話，顯得非常重要。基本原則是不說欺騙、惡毒、傷害、花言巧語的話，也不使用挑撥離間、扭曲的語言，避免製造對立。「肢體語言」則要放鬆，經常保持真誠、親切的微笑，才能拉近彼此的距離。

日常生活中，面對各種人事物因緣，不被境界拉走，而能時時修正身、語、意行為，不僅是做人處事的態度，也能展現主事者的威德：「自信而不自傲，謙卑而不自卑，寬大而不自大。」因此我勉勵他，知道自己心急口快，就要常常練習「要趕不要急，積極而不著急」。

傳家箋

所講的修養，就是心態必須同理，站在對方的立場設想，才不致傷人，進而還能讓他人感受到溫馨的關懷。

06

煩惱是成長助緣

許多人都會說「煩惱即菩提」，覺得這句話具有相當的正能量。但是從另一角度來看，有沒有可能在發起奉獻的菩提心後，卻在過程中起了煩惱呢？

做義工的發心和條件

一位長期在公益團體服務的老師，秉持其專業能力及服務熱忱，備受肯定，結了很好的人緣。即使後來因身心負荷過重，健康亮起紅燈，她仍堅持崗位，不輕言請假。直到某日驚覺，眾人儼然對她投以「異樣的眼光」，彷彿在說：「都已經生病了，怎麼還在勉強做義工？」她才發現原來自己偶爾精神恍惚的狀態，已成為眾人眼裡的罣礙。

從此，她再也無法安心當義工，總是充滿負面想法，擔心付出不被肯定，害怕能力受質疑，甚至誤以為團體只接受形象良好的她，卻拒絕生病狀態的她……。她不斷思前想後，被種種妄想、雜念糾纏不已，就連家人也跟著抱怨，勸她從此不要當義工。

這位老師會有這種反應，可以理解她對義工職務極其重視，卻有兩個基本認知被忽略了：一個是做義工的心態，一個是如實認知自己的能力與資源。

盡心盡力，隨緣奉獻

聖嚴師父曾以義工精神開示說道：「盡心、盡力、盡可能學習；不勉強、不挑剔，不可能失望。」做義工是為了奉獻利他，要衡量自己的時間、心力、智力、體力，量力而為。便是盡責盡分，隨緣奉獻，既然是隨緣奉獻，也就不應有利害得失的想法。

人難免會有健康違和之時，生病或者因壓力導致身心失衡，都代表身體這部機器需要保養了，應該適度調養休息。任何情況下，先理出事情的緩急輕重，給予恰到好處地安排，才不至於想發心卻又提不起心力，甚至讓家人擔心，反而成為發心最大的障礙。

所謂「煩惱即菩提」，意思並非指煩惱本身就是菩提，而是正面看待困境所帶來的啟發，將煩惱轉化為突破自我執著的一種成長。《六祖壇經》也說：「前念著境即煩惱，後念離境即菩提。」只要覺察煩惱，看見心的執著與糾結，而在最短的時間內拉回正念，就是一種超越。

傳家箋

盡責盡分，隨緣奉獻，既然是隨緣奉獻，也就不應有利害得失的想法。

07

安心安家

學佛，是學習佛的智慧與慈悲。佛是覺的意思，學習佛的智慧，便是認知宇宙人生真理實相，就是緣起、無常、無我、空。學習佛的慈悲，是幫助他人不起煩惱，轉迷為悟。

有對夫婦，為了家中接二連三發生不順遂之事而來找我。先是事業一向平順的先生，近期因人事改組，面臨衝擊。而已經三十多歲的孩子，留學返國後，幾乎每兩年就換「頭路」，此刻又面臨找工作的煩惱，顯得很不安定。他們期望家人一切順遂，可惜事與願違，不知問題出在哪裡，於是推測可能是因最近搬家的緣故，問我：「會不會是居家風水不宜，導致諸事不順？」

這位女士才剛接觸佛法，平時也在誦經，儘管知道學佛首重安心，然而當家人遇到逆境挫折，隨即心隨境轉，在環境與心境之間，產生矛盾、罣礙。

心安才有平安

風水之說，自有其道理。只是一個正信的三寶弟子，要能學習不受風水左右，不生執著。風水的基本條件，其實不離居住環境的整潔、空氣流通與採光照明；只要基本條件具足，就是好環境。若是將諸事不順，導因於住家風水而患得患失，那是心理出了問題。

環境是由眾緣和合而成。所謂環境，包含個人的身心條件、人與人的互動關係，以及整體生活環境，便是一般講的天時、地利、人和。在眾多因素構成的環境現象中，能夠處理的就去處理，處理之後要能放下，重要的是，自己的觀念與心態能夠不受環境影響，心安才有平安。

珍惜當下，把握現在

因此，佛法、禪法都鼓勵我們從內心去體驗環境，清楚一切現象都是因緣不斷變化的過程，重點在於珍惜當下，把握現在。再以冷靜、沉著的心，處理問題、改善環境。面對問題，一件一件處理，只要心中沒

有得失罣礙，也就沒有環境順逆、好壞的問題。假使過程中已盡心盡力處理，成果卻不如預期，乃是因緣尚未成熟，仍要繼續保持努力；等到因緣成熟，自然水到渠成。

不安定的心，總是與煩惱心相應。覺醒的心，則是以平常心看待一切現象。若能將生活中的大事、小事，都當成是鍊心的好事，對家人來說，也是一種機會教育。

傳家箋

能夠處理的就去處理，處理之後要能放下，重要的是，自己的觀念與心態能夠不受環境影響，心安才有平安。

08

光明心看世界

無常，不是消極地損壞、消失、死亡，而是可以經過努力改善、革新，充滿日新又新的希望。無論多麼難以承受的傷痛，隨著時間沉澱、隨著心念轉變，終會走出新的契機，充滿無限的希望與光明。

一位中年的職場主管，為了照顧生病的妻子提早退休，甚至以醫院為家，朝夕陪伴妻子。在妻子往生後，他不斷回想起往日情景，形影落寞、意志消沉，甚至為此經常失眠。

醫生勸他要多運動、多健走，將注意力由內在苦惱轉向外在環境，以恢復健康活力。我則建議，調整自己的觀念心態是最重要的，因為觀念心態會影響習慣，習慣會影響性格，性格能決定我們的命運。

信仰讓心靈有皈依處

學習體驗無常是基本心態。然而要提醒，無常的心念，有時是妄念、雜念、煩惱念。一旦覺察負面情緒生起，不必排斥，只要不執著，就能「心念轉為正念，希望光明無限。心念化為淨念，當下淨土照見」。

如果能有正信的宗教信仰，心靈上會有踏實的皈依處，並可從信仰

的力量給予往生者祝福。以佛法來講，可以念觀世音菩薩或是阿彌陀佛聖號，佛菩薩聖號都有慈悲智慧、清淨光明的力量，既能為往生者祝福，也可幫助自己沉澱心靈，得到平靜，對彼此都好。

踏踏實實把握現在

只是有些人憶念從前，因觸景而生苦與樂的執著，放不下，捨不得。有些人則衍生出憤怒、懊悔、自責等情緒，認為自己的所作所為，有愧於亡者，甚至生起強烈自我否定的情緒。在我關懷的過程中，看到有人說了不該說的話、做了不當有的舉動，或是因懈怠而未盡全力，或對臨命終者說善意謊言，而自己卻無法做到等，都可能留下心頭罣礙的陰影。

《金剛經》講：「過去心不可得，現在心不可得，未來心不可得。」

應當把握現在，活在當下；已經發生的事，或是還沒有發生的事，不要掛在心上。但這並不等於對過去不做反省檢討、不留回憶，對未來不做計畫、不抱希望，而是情感上不生好壞的執取。無論悔恨、憂慮，或是得意、驕傲，都是觸景生情的執著。

如果我們經常把生活重心放在回憶過去，或是憧憬未來，都是對生命的浪費和損失。珍惜生命最積極的作法，是踏踏實實地把握現在，對自己盡責負責。

傳家箋

調整自己的觀念心態是最重要的，因為觀念心態會影響習慣，習慣會影響性格，性格能決定我們的命運。

09

轉化壓力真工夫

我們每天的生活，不一定事事如意，或許有人以為眼不見為淨，只要不理會、抱持事不關己，自己就不會有煩惱了，但這不是修行。也有人面對人事的變化，一時找不到立足點，進退失據，終日與煩惱為伍，那也不是修行。

適時反應，及時溝通

有一次，我問候某位義工：「最近好嗎？」她卻愁眉苦臉告訴我：「不好。」原來她即將承擔的執事，因為關懷的法師期許能擴大服務的法緣，於是說道：「我們要突破過去的作法。」或許是說法上不盡周延，未能將原則及調整的作法說明清楚，而留給參與者不同的想像空間。她身為執行者，非常擔心過去有明確作法，而現在關懷要擴大、賦予彈性，但是現在的執行方向不明確，讓她無法回答其他人的提問：「執行的標準在哪裡？」她被這句話卡住了，不知所措。

其實，方法是活的，就看如何應對處理。凡事必有因，已經行之多年的作法，現在提出調整需要，必然有其時空環境因緣的過程。比如各地執行者的回饋，或是法師評估團體應當可為更多人服務等考量因素。重要的是，面對問題要適時反應，及時溝通，建立共識；不要因為一句話，馬上起煩惱。

正面解讀，逆向思考

人際相處，有付出，有接受。付出，未必即是主動；接受，也不等於被動，重要的是，我們如何去感受、如何去看待。面對一切人事物因緣，若是被動地接受與付出，多少會帶著勉強、身不由己的無奈，只因情勢所逼，不得不向現實屈服。假使換個角度想，無論接受或付出，都把它當成是主動還願的行為，學習正面解讀、逆向思考，每個過程都是修福修慧的增上緣。

「轉化壓力，成為助力。開發潛力，保持毅力。」面對各種境界，轉念做好心靈環保，才是真工夫；一時的「不好」，正是成就我們學習慈悲智慧、群策群力、同心協力，邁向轉好的契機。

10

做好事 不起煩惱

現代社會由於物質生活水平顯著提昇，兼有大環境倡導服務利他的氛圍，從事公益活動已融入了一般民眾的生活。從民間到公務機關，從各人自動自發到有組織的社團，公益善行已普及、深化各界領域。

助人最好的回報

幾年前，有位已退休的政府官員到法鼓山世界佛教教育園區參訪，當我們交換公益議題時，他說：「大眾出錢、出力，默默行善，政府部門因有公權力，更可充分做好事。不過隨之而來的各界正、反面回饋指教，同樣也須虛心接受。」由此看來，公益有主觀與客觀兩種層面：「發好心」是主觀的，「做好事」則是客觀的。

所謂主觀，當自己有能力，可為他人、社會付出時，總是希望自己的付出，能幫助面臨困境的人，生活得到改善，因此內心是平和、感恩的。佛法有個名詞講「因果同時」，在付出當下，內心安定、平和兼有助人的快樂，已是最好的回報。

客觀來看，從事公益與大環境的綜合條件有關。若能站在社會大眾的立場設想，而去促成因緣，比較容易得到共鳴。假使出發點與多數人

的利益相左，很可能無法被大眾所接受，甚至出現反對、阻撓的意見。

因此，談到發好心、做好事，可從「欲望或願望」、「競爭或分享」、「自利與利他」這三點來檢視。

消融自我，不起煩惱

首先，從事公益的本質，不是為了炫耀自己，也不是增加自己的籌碼，更不是襯托個人名利的工具，而是以奉獻的願望，取代個人的欲望。其次，投入公益的目的，不是競爭、不在搶奪，而是基於生命共同體的立場，分享資源，促使大環境改善。再從個人成長的角度來說，所有的無明煩惱習性，均緣於自我中心作祟；奉獻利他，則是消融自我中心最好的態度。

無論從個人身心、奉獻利他，或是整體大環境的改善，公益服務都

是值得鼓勵的，只是心態極為重要。聖嚴師父講：「布施的人有福，行善的人快樂。」出發點便在純淨的發心，所以不起煩惱；只要是對社會整體的向上、向善，有所助益之事，儘管勇往直前、百折不撓；若能在成就他人的過程中，進而消融自我，即是最珍貴的好事。

傳家箋

在付出當下，內心安定、平和兼有助人的快樂，已是最好的回報。

Chapter 3

和喜如來家

01

為什麼要出家？

成家與出家，均是人生重大的抉擇。假使兩個年紀相仿的年輕人，一人決定成家，一人選擇出家，可能都會同時受到親友的矚目，而對選擇成家者祝福，對選擇出家者關心地問：「怎麼了？發生什麼事嗎？」

男大當婚、女大當嫁，這條由成家、立業至養育下一代所鋪陳的人生路，固然為多數人所選擇，只是人生應當還有其他選項。於是有人不婚，有人出家，而選擇出家又比選擇獨身更令人好奇。

找到超越生死解脫道

「為什麼要出家？」即使在二千六百多年前的印度社會，當時的人也有相同疑惑，認為出家大概是迫不得已的選擇，若非病了、老了，自己無法照顧自己，也沒有親人給予照應，大概不至於出家。只是這種似是而非的聯想，在釋迦牟尼佛教團成立初期已不攻自破，佛教史上影響深遠的兩位佛陀弟子：舍利弗與目犍連尊者的出家歷程，便極具代表性。

根據記載，舍利弗與目犍連兩位尊者，同一天誕生於兩個世交的婆羅門家庭，他們是兒時玩伴、求學同窗，成長至青年時期，他們也像

時下的年輕人一般，對大型表演活動深感興趣。有一次，他們參加連演三日的民俗慶典，前兩天還全然融入舞台上的表演，隨著舞台上的表演者經歷強烈的情感悲喜，但是到了第三天，兩人心底生起無以名狀的厭離感，縱使舞台上的聲色表演依舊精彩，觀賞席上的他們已變得沉默無語。活動結束後，兩人互問：「怎麼了，什麼事不開心？」

舍利弗先開口了。他說觀看這些表演，固然使人獲得感官歡樂，內心卻空虛不已。想到數十年或者百年之後，今日所有在場者皆已相繼謝世，人事全非，不免令人唏噓。應當找到一條超越生死的解脫之道，才能不負此生。

目犍連贊同地說：「對！正是這樣，我的想法與你完全相同。」

舍利弗與目犍連尊者因觀看一場表演，進而走上不一樣的人生旅程，歷程雖具戲劇性，實則有因可循。兩位尊者的心路歷程，首先是對

五欲之樂起了厭離心，而對人生意義生起深刻的探索。這也讓我回想起自己出家所走過的心路歷程。

放下名利，提起願力

我的個性一向重視和合，與人相處總希望彼此尊重和諧。我不會與人衝突，只是在事業上，若遇到他人失信於我，以致計畫生變、好景不常，則會使我感到無奈。又見到周遭親友互相對立、爭執，也會使我不忍，總盼他們能夠彼此化解，或是自己有能力協助排解。我出家前最後一份職場工作，曾因未能及時發現同事於工作線上的一個小疏失，所以深切自責督導不周。由於對此深感愧疚，難以釋懷，這才讓我堅定：應該要好好調心。

便是這一動念，使我親近農禪寺，並於聖嚴師父座下皈依三寶，參加共修，擔任義工。就在首次參加禪七，聽到師父開示菩提心法：「奉獻我們自己，成就社會大眾。」使我心開意解，確立利人利己為人生大方向。菩提心即是利益大眾的大悲心，不僅自己要出離煩惱的枷鎖，也要幫助他人離苦得樂。禪七圓滿後，讓我更加確定出家的願心。

出家至今二十多年，仍常有人問起：「你為什麼要出家？」此時此刻，我的心得十分明確，可用簡短的兩句話表達：「放下世俗權勢名利，提起弘法利生願力。」

傳家箋

菩提心即是利益大眾的大悲心，
不僅自己要出離煩惱的枷鎖，也要幫助他人離苦得樂。

02

辭親出家，不忘恩義

我們的社會需要有各種層面的優秀人才，在淨化人心、淨化社會的心靈領域，宗教師是專業中的專業人才，能夠提昇出家人的品質，也將有助於提昇社會人心的品質。

出家這條路，不是一般

想像地消極，也不是每個人都適合出家生活。若有人發願出家，我當然會隨喜讚歎、鼓勵成就。

出家的條件

若要出家，因緣必須具足。以法鼓山僧團為例，成全一名求度者出家，往往會從三個層面來衡量。

第一個條件，是求度者的自我考量。第二個條件，僧團與僧大透過初審、複審、決審的審核機制，接受予以剃度出家。第三個條件，求度者應取得家人同意，至少不持反對，始能無礙出家。

以我出家歷程為例，當時全家唯有母親表示贊同，認為是她的福報。父親與兄姊，則因對出家的意義認知有限，固然不捨，仍尊重我的抉擇。其實我決定出家，也與接引家人學佛有關。至少家人會基於關

心，前來道場了解我出家的環境，從中認識正信的佛法，不至於對佛法一知半解。

我很感恩有家人的支持及尊重，成全我走上這條路。假使有人發願出家，而家人不認同，甚至反對阻撓，建議要能心平氣和、循序漸進與家人溝通。首先要了解家人反對的原因，若是家人無法理解，或是誤解出家的意義，勿以強烈言語刺激對方，當以家庭和諧為重，給予善巧方便的引導。在等待因緣成熟的過程中，仍要堅定志向，保持耐心與毅力；也可透過祈願與做定課迴向，祝福家人及一切眾生，都能聽聞佛法，離苦得樂。

現行的佛教戒律，雖未規定成年人出家，必須取得家人同意；然而未經家人同意，甚至不顧家人反對而出家，後續可能帶來個人修行的障礙，並造成道場的困擾。為避免爭議，獲得家人同意乃至不反對，法鼓山僧團才會予以剃度出家。

多年來，法鼓山的出家法師，多是在父母或親友祝福中，圓滿出家的願心。有些更是從小於佛化家庭成長，甚且不只一人出家，而有兄弟姊妹陸續出家。親情往往難以割捨，家長們又是如何捨得子女出家呢？

有位求度者的父親就說，孩子要出家，心想年輕人已有清楚的志向，應當尊重，畢竟還有其他子女陪伴，尚可接受，現在卻連另一個孩子也要出家，除了感到震驚，心中更是不捨。後來是因其他法師的俗家眷屬以「過來人」經驗分享：「女兒若出嫁，遇上夫家不讓她回來，要見面談何容易。女兒若出家，假使無法適應，還可以回家，僧團不至於強人所難。」便是這番話讓他釋懷，成全家中第二個孩子出家。

大致而言，面對子女要出家，父母都會經歷一段理性與感性糾結的過程；而當終於首肯同意了，無疑是一種大慈悲、大智慧與大布施。父母在

剃度典禮現場，將百般牽掛化為一句勉勵：「既已決定出家，就要堅定初發心，有始有終，扮演好出家人的本分。」淚眼中帶著慈悲，著實令人動容。

難捨能捨，難忍能忍，難行能行

辭親出家，不忘恩義。出家後，仍須盡孝，更將對父母的感恩，擴大為報三寶恩、國家恩、眾生恩。釋迦牟尼佛以身示範，修行有所體證後，親自為父母演說佛法，回報父母生養之恩。因此，出家並非從此對俗家不聞不問，而是將父母給予的肉體生命，當成修福修慧的道器，廣度一切有情眾生。假使僧眾的俗家父母，晚年生活面臨困頓，僧團也將適時關心，提供合宜的照顧方法。

出家之路，是難捨能捨、難忍能忍、難行能行的成佛之道。出家人的「捨」，是放下一切世俗權勢名利；出家人的「忍」，是為住持三寶、續佛慧命，任勞任怨，廣種福田。出家人的「行」，是不忍聖教衰、不忍眾生苦，懷抱出離心及菩提心，透過菩薩行，堅定邁向成佛之道，永不退轉。

「但願眾生得離苦，不為自己求安樂，若眾生離苦，自苦即安樂。」即是出家的意義。也唯有建立正確的出家心態，才是真正地隨佛出家，才能荷擔起如來家業。

傳家箋

出家後，仍須盡孝，更將對父母的感恩，擴大為報三寶恩、國家恩、眾生恩。

03

荷擔如來家業

出家人雖沒有個人的家，卻有承擔照顧道場及一切眾生的家業。這個家，是以寺院為核心，以大眾為眷屬，稱為「如來家」。如來家的成員關係，不同於在家人的家庭組成。在家人的家庭關係，因血親而成家眷。出家人則以佛法結緣，互為法親、法眷，其中也有輩分、上下、左右的倫理關係，各有相對的責任與義務。

尊重六和敬的僧團倫理

倫理是一種整體感。在家人有在家人的倫理，出家人有出家人的倫理。出家人的倫理，則有戒臘倫理與執事倫理。至於出家人與在家居士互動，也應有倫理的分際。法鼓山僧團共住規約即提到：「僧俗有界，男女有別，內外有分，公私分明。」

至於每位僧眾的本分，誠如聖嚴師父於二〇〇三年九月對僧眾請執培訓營所開示：以「持戒習定為家事，弘法利生為家業，六種和敬為家務。每一個出家人都是當家住持，做好管理工作是當家，擔負正法久住的責任是住持。當好個人的家，就能當好一個部門、一個寺院、一個宗

派、整體佛教的家。」

在這個如來家，人人都是為修學佛法、護持佛法、弘揚佛法，故而隨佛出家。只是出家有先後，執事有照顧層面的不同。新出家法師對戒長法師的尊敬，戒長法師對新出家僧眾的關懷，就是戒臘倫理。每位僧眾都有一份執事，基於整體運作，各於職務盡責負責、分工合作，彼此互敬互諒、截長補短，便是執事倫理。雖然有些執事看起來近似一般的職場工作，但領執的觀念與心態畢竟不同。

用什麼心態領執？在此分享「十心」：「虔誠心、恭敬心；出離心、菩提心；清淨心、精進心；法喜心、禪悅心；感恩心、報恩心。」

首先是以虔誠心、恭敬心請執。執事是一份神聖的任務，這份任務，是由常住三寶賦予每位僧眾的責任與義務，任務雖不同，共通點皆為奉獻三寶，續佛慧命。

出離心與菩提心，主要是指奉獻的心態，每份執事都是幫助我們放下利害得失心、提起自在平常心，發起大悲願心的著力點。

清淨心與精進心，則是修行的態度，出發點不為自己，卻為修行本分，透過奉獻服務而不斷自我成長、自我消融。

法喜心及禪悅心，是把握當下，活在當下，體驗生命與佛法、禪法相應的自在。

感恩心及報恩心，是感恩執事成就我們修福修慧，上報四重恩，下濟三塗苦。

悲智和敬，清淨自在

法鼓山僧眾的養成教育，從進入僧伽大學入學開始，就要學習建立正確的出家心態，養成正信的佛法知見，幫助我們身心調和，具足出家

威儀。學習過程中，會有執事法師給予輔導，並與同學互為善知識。進入僧團之後，會有共同的生活規約：「以慈悲關懷人，以智慧處理事，以和樂同生活，以尊敬相對待。」此即校訓「悲智和敬」。

此外，師父期許所有法師與同學，都能成為「菩薩僧」，現聲聞相、行菩薩行。所謂現聲聞相，是實踐脫落自我中心的解脫道，當重「和敬」；行菩薩行，是回歸佛陀度世、化世的本懷，當有「悲智」。面對各種順逆境緣，隨時回到悲智和敬的共住精神，才是一個標準的出家人。《法華經．法師品》講：「入如來室，著如來衣，坐如來座。」入如來室，是入大慈悲室，以大慈悲心包容眾生。著如來衣，是披柔和忍辱衣，以柔軟心任勞任怨。坐如來座，是掌握緣起性空法則，以智慧處理問題，心無罣礙。

聖嚴師父勉勵僧團法師：「時時以佛法的慧命為念，念念以大眾的

道業為首，事事以眾生的苦樂為著眼，處處以諸佛的道場來照顧。以智慧處理自己的問題，用慈悲解決他人的煩惱，以忍辱培養福澤，用精勤增長善根。」意在告訴我們，執事沒有大小、高低與輕重之別，同樣都是對三寶的奉獻，此一法身慧命是永遠無盡的。歡喜承擔，任勞任怨，則是真正的平等。

傳家箋

各於職務盡責負責、分工合作，彼此互敬互諒、截長補短，便是執事倫理。

04

忙得快樂，累得歡喜

漢傳佛教的出家人，以「一日不作，一日不食」、「做一日和尚，撞一日鐘」為本分。進入現代社會，出家法師所承擔的法務，如講經、說法、指導禪修、各種法會與活動、學佛課程，以及多元接引的善巧

方便隨應而有。僧眾平日有執事、有弘法課程，假日還必須支援活動，有勞累感是正常的，然而身體勞累，心可以不疲厭。聖嚴師父一生盡形壽、獻生命的身影，便是最好的典範。

曾經親炙聖嚴師父的四眾弟子，相信都能深刻感受師父為佛法、為眾生奉獻的悲願。哪裡需要佛法，師父便去結法緣；為了廣泛接引不同的對象，師父便去吸收、學習，融貫後再以善巧的方式表達，使佛法成為生活實用的智慧。

活用佛法，化解勞累

因此，在聖嚴師父最重視的法師身分之外，同時亦為禪師、學者、宗教思想家、作家、心靈啟蒙教育家；乃至為了法鼓山世界佛教教育園區的建設，多次前往佛教聖地巡禮，因長期投入、設想、規畫，使得法鼓山園區出落為現代化佛教道場的嶄新氣象，而被專業建築人士譽為傑出的建築師。全年無休，每天只有四、五小時的睡眠，生病時仍無二致。在《美好的晚年》一書，師父為法忘軀的身影更顯清矍。

我也曾想：「師父難道不累嗎？」

分享一個小故事。二〇〇八年，我依師囑，領眾赴中國大陸與當地宗教局及佛教界道場交流。出發前我向師父報告行程，師父關懷地說：「辛苦了！」緊接著補上一句：「假使不辛苦，就代表沒做事。」

這是師父老人家慈悲體恤弟子因事務多而勞心、勞力；卻也巧妙提點：儘管身體勞累，心可以不受影響。覺得累了，把握時間適度休息，體力即可恢復。因此，每當有人問我：行程忙碌緊湊，為何還能忙得快樂、累得歡喜？我總是憶起師父的教導。

大家一起成長

還有另一層因素，使我再忙再累，也不敢抱怨稱苦。每當前往海內外各地關懷，見信眾居士熱忱學法、護法，令我非常感動。護法居士各有家庭與事業，而他們對法鼓山教團賦予的任務，不論是護持硬體建設，或是協助推動三大教育，幾乎是隨傳隨到，全力以赴。大眾響應法鼓山理念，不僅自己親身實踐，並積極接引更多的人，一起來修學佛法、護持佛法、弘揚佛法。這份初發心，數十年如一日，難道他們不累嗎？

我相信護法信眾也會感到勞累，偶爾也會起煩惱，或起退心，都很正常。遇到挫折、困難，每個人都需要有調適的空間。而這個轉圜「空間」，有些人是以時間換取空間，休息一下再上路，才能走得更長更遠。有些人則透過佛法、禪法、心法，從觀念疏導，配合方法運用，也就能使疲憊的身心獲得法食滋養，再接再厲，重新出發。這便是師父所說：「時時心有法喜，念念不離禪悅。」由信仰，或從修行體證的信心，透過精勤努力，鍛鍊培養出恆心、耐心與鍥而不捨的毅力。

看到護法居士們踴躍學法、護法、弘法，鮮少說累，唯有感恩法鼓山使他們有奉獻種福田的機會；而我身為出家眾，又怎能抱怨說苦呢？我相信這也是僧團法師共有的心聲。因此，當各地活動需有僧眾支援，只要與法鼓山理念、共識相應，僧團一定盡可能配合，以表達感恩與關懷。而我個人出席各種場合，也是代表整體教團及僧團，大家一起凝聚向心力、展現生命力，共同淨化人心、淨化社會，故能忙得非常快樂，累得非常歡喜。因此可說，我與法師及護法居士，乃是同心同願，修福修慧。

身體雖勞累，只要隨時掌握放鬆的要領，適時休息，即可恢復體力。而我休息時，便是練習：「身在哪裡，心在哪裡；放捨諸相，休息

萬事；萬緣放下，一念不生。」也就不會有放不下的牽掛。

緣此種種，近年若有法師或居士們稱我為「法鼓山大家長」，我都是回應：「我們大家一起成長福德智慧。」

傳家箋

透過佛法、禪法、心法，從觀念疏導，配合方法運用，也就能使疲憊的身心獲得法食滋養，再接再厲，重新出發。

05

師父教我承擔的三堂課

常有人問我：「擔任方丈，負擔很重，壓力很大吧？」我說：「承擔不是負擔。」此為肺腑之言。

我只有高中學歷，中年學佛出家，因此擔任法鼓山方丈以來，常被問起壓力問題。最早為我指點迷津者，

正是恩師聖嚴師父。接任方丈初期，師父的耳提面命使我體認：來自各界的多元看法，都代表一種關心；有時不一定當面表達，而是私下交換意見。比如：「他出家多久？修行怎麼樣？」均是我承接方丈執事已有的心理建設。

師父另叮嚀兩件事：不論面對何種聲音，都要感恩，虛心受教。亦可坦然告知：「我正在學習，請不要考我。」又說：「知之為知之，不知為不知，是為真知與自信。」能夠直承師父教導，我必須珍惜福報。

儘管師父當時開示的對象僅我一人，然而這份安心、安身的教導，相信僧俗四眾皆適用。當悅眾法師或護法居士被賦予執事，心甘情願承擔是關鍵。放下利害得失而提起承擔，就不會覺得是負擔，唯有盡責負責，為大眾服務。

「知之為知之，不知為不知」，則是自信基礎。坦然面對自己的不足，以勤補拙；又因心懷奉獻利他的願望，更加精勤努力。當自我中心執著淡化以後，不再有硬撐、在乎他人評論的煩惱憂慮，壓力自然減輕。

學習與奉獻

接任方丈後，難免有人拿我與師父比，所幸大家都能體恤我，鮮少當面評論，倒是觀察敏銳的媒體記者反映民情，問我如何面對。我只有兩點心得奉告：「學習與奉獻。」在執事上，不懂的就學習，學會了就奉獻服務，這就是承擔。

我很感恩在學習承擔的這門課，有師父循序漸進、教誨不倦地提點，其中有三堂課，使我終身受用。

第一堂課是「獨立思考」。接任方丈初期，師父總是不厭其煩地叮囑我處理事情的大方向與基本原則，過程中我也常向師父請益，並呈報事

情處理經過。我之所以多次請教，並不是推卸責任，而是方丈執事必須從整體思考，關照層面更為寬廣；為確認不至有違法鼓山理念，是我的初衷。師父耐心地傾聽、指正，告訴我如何周延考量，過程極其珍貴。

幾個月後，當我就某一法務請益，師父開始改口：「那是你的事，不是我的事。」

這是師父的慈悲，目的是為訓練弟子獨立思考，設法解決問題。

第二堂課是「不依賴」。同樣是在我擔任方丈初期，有一次，師父嚴正地告訴我：「你絕對不能當我的傀儡。」

一般企業及民間團體，往往依據創辦人暨精神領袖的意志為決策領導中心，即使創辦人已卸下行政管理責任，其所位居的精神領航高度仍無可取代，以致於有些企業或團體主要的行政負責人，可能僅是創辦人手中的一顆棋子。而師父洞悉世間情理現象，為了避免弟子產生依賴，適時放手，並說重話。這是師父的遠見與器度，突破一般世俗成見。

學習承擔、不依賴、獨立思考

第三堂課是「方丈的承擔」。二○○八年底，師父打電話給我，很明白地說：「方丈，我很生氣，公文只見你簽核，沒寫意見，丟給師父處理。」那是有關第二屆世界佛教論壇臺北分論壇的場地事宜。當時德貴學苑工程即將竣工，希望藉由此活動介紹給各界人士。然而有相關執事者提出不同考量，若能改於法鼓山世界佛教教育園區舉行，則可併同原訂園區參訪行程，減免與會人士兩地奔波。

事實上，我已與相關單位進行協調，卻未將個人的意見簽核，提供執行者必要的參考依據。由於處理不夠周延，致使師父「生氣」，使我極為慚愧，卻也經此上了一課：凡是決策之事，我必須明確表達方丈的意

見，以示承擔。

一次狀況，是一次新的體驗；過去沒有經驗，而現在體驗到了，坦然去面對、處理就是承擔。承擔這門學科，每個人都應當學習。「獨立思考」、「不依賴」、「方丈的承擔」，正是師父教導的三堂課。

傳家箋

不懂的就學習，學會了就奉獻服務，
這就是承擔。

06

以和為貴，以誠相待

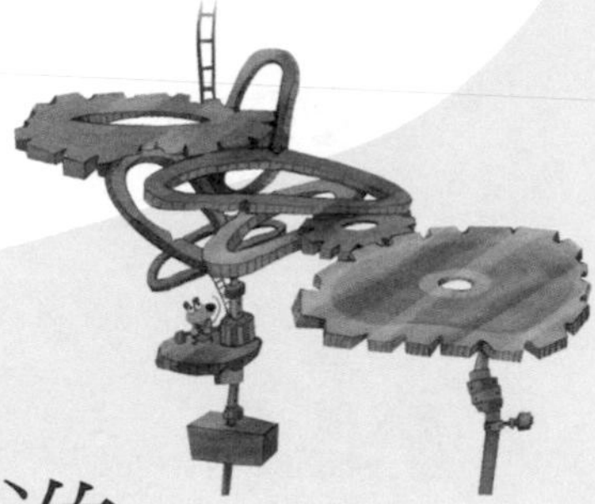

進入僧團以來，我的請執，常常需與大眾接觸，或到各處走動。包括剃度前，以行者身分擔任師父侍者時，即是如此。有一次陪同師父拜會慧嶽老和尚，老和尚特別叮囑：「務必將你的師父視同佛祖照顧，絕對不能離開你師父座下，否則我絕不輕饒你。」老人家殷重告誡的神情，至今歷歷在目。

事無大小，虛心學習

那段期間，即使師父不在臺灣，我仍有工程組的執事要負責。由於農禪寺正加蓋大殿鐵皮屋，負責工程組的果祺法師另有要務，常在法鼓山上。因此我的工作，諸如行政庶務、接洽聯繫、做小工等，樣樣都要學習。日後於助念團、護法總會及關懷中心領執，仍以走動關懷為主，與各地信眾菩薩結了善緣、法緣。

至二〇〇六年九月接任方丈執事，並擔任法鼓山體系各基金會的董事長，對於體系內外各種活動，以及海內外關懷行程，只要時間允許，我便盡力配合圓滿。我也鼓勵執事法師們，也能安排到全球各地關懷，與當地

法師及信眾互動，更能了解各地的法務發展，也才能恰到好處地提供關懷。

智慧不起煩惱

在創辦人聖嚴師父捨報後，法鼓山方丈所須承擔的法務愈來愈廣，所要照顧的僧俗四眾愈來愈多。而我個人雖能力、資質有限，仍秉持師父教導的「行事六要領」，互勉建立團隊的和諧關係。

我與所有僧團法師都是師兄弟，我不會要求，唯有懇求和合共事，互信互助、互敬互諒。所謂以和為貴，並非虛偽，也不是敷衍了事，而是以誠相待。面對各界，方丈不從事無謂的應酬，但有與社會各界互動所需的交流，共同參與淨化人心、淨化社會活動的義務。

無論他人如何看我，我仍是以誠相待。我常分享：「心靈環保的最高原則是慈悲與智慧，基本態度是謙卑與尊重，下手工夫是誠心與和

敬。」慈悲是關懷、體諒、包容，智慧是放下自我中心，不起煩惱。有此心理建設，遇到順逆境界，就會馬上去觀照：我現在的起心動念是什麼？是否起了貪、瞋、癡、慢、疑等煩惱心？由於經常反省檢討，更懂得謙卑自處，尊重他人。

因此，每個相遇的因緣我都珍惜，時時是我鍛鍊、體驗、學習、成長的著力點，處處是我結法緣、善緣的菩提道場，人人都是勉我常行菩薩道的善知識學侶。這份法喜是不斷增長、昇華的。

傳家箋

所謂以和為貴，並非虛偽，也不是敷衍了事，而是以誠相待。

07

安心於事，安心於道

釋迦牟尼佛曾說，在修行的道路上，弟子向老師學習的因緣，有的圓滿，有的不圓滿。圓滿的條件包含：老師要具有清淨修持的德行，經常說法，使弟子得到法益。能具足上述三者，即使日後老師捨報，弟子仍能

安心於道業。

法鼓山的出家法師都是有福報的，創辦人聖嚴師父已將畢生所學、所體證的佛法，毫無保留地教導弟子。師父的色身雖已捨報，我們還是可以透過師父的著作、影音，並從僧團法師學習；師父的法身常在，未曾遠離。

道心第一

師父曾開示，出家人安心的方法有兩種層次：一種是安心於事，另一種是安心於道。從我個人體會，即使安心於事，也一定要把道心擺在第一；有了道心，身體雖勞累，心力不致減損。對於教育體系師生，師父則是提醒：「道心第一，健康第二，學問第三。」事實上是三者兼顧，有了道心的基石，又能懂得身心調護，能使道業與學業並進，修持與研究互相增上。

道心的滋長則與信心有關，信心涵蓋對三寶的信心、對老師的信心，以及對自己的信心。前兩者，相信每位法師已具足。自信則是「知之為知之，不知為不知，是知也」。對於自己不懂的領域，不必打腫臉充胖子，而要坦然以對，以勤補拙。

自信很重要，至於自傲、自大、自卑、自私、虛偽，則與自信無關，而與貪、瞋、癡、慢、疑等煩惱相應。因此，我有幾句自勉勉人的話：「自信不自傲，寬大不自大，謙卑不自卑，無私不自私，虛心不虛偽。」能夠將所學的佛法落實於日常生活中，修正自己身、語、意三業行為的偏差，才是真正得到佛法的利益。當自己有了體證，更能謙卑自處，而以同理心體諒、包容他人。

有了同理心，還要學習平等心。《法華經》中有位常不輕比丘，在他眼中，所有已發菩提心的四眾佛子，未來必當作佛。因此，他心懷懇

切，遇到每位出家僧人或是在家居士，必定恭敬作禮。心懷謙卑，恭敬待人，最切身的利益就是以平等心照顧自己、關懷他人；對人對事不計較、不比較，也就能減少許多不必要的煩惱。

慚愧懺悔消煩惱

至於我個人，則是在日常待人接物中，觀照自己的起心動念，時時反省檢討、慚愧懺悔，但我不會懊悔。懊悔是煩惱，慚愧懺悔則是我的修行法門。所謂慚，是對自己的缺失與不足進行反省。所謂愧，是待他人不足或是未盡全力之處予以檢討。懺悔，則是承認過錯，下定決心改過，不再重蹈覆轍。

因此，每當有人問我：「方丈現在還有煩惱嗎？」我說：「我尚未成佛，況且還有許多煩惱習氣尚未斷除，重點在於慚愧懺悔，最短時間拉回安心之道。」

我很感恩有這樣的因緣使我修福修慧，面對一切相遇的人事物因緣，我都是回到因果、因緣觀，惕勵自己不斷學習成長。慚愧懺悔，幫助我放下利害、是非、好壞、安危的得失心，提起自在平常心，學習心無罣礙，沒有恐懼、憂慮、害怕。然而我還是凡夫，還有許多學習成長的空間，因此經常慚愧懺悔，幫助自己清淨得安樂。

對於慚愧懺悔法門，我受用最深的，是師父寫於《拈花微笑》書中的一段自序：「而我個人，只因得到一些修持佛法的受用，往往能夠處於身心勞累而不厭煩，事雖多而心自寧，氣雖虛而不浮躁，體雖弱而不苦惱的狀態；常懷淨願而少惹私欲，成事不為己，失敗無所損。偶爾仍有煩惱習性在心中現起，幸而我時以慚愧心自勵，故能瞬息消逝。每以聖賢的心行自期，恆以悠悠的凡夫自居。」願與大家共勉。

08

凝聚共識，圓滿成事

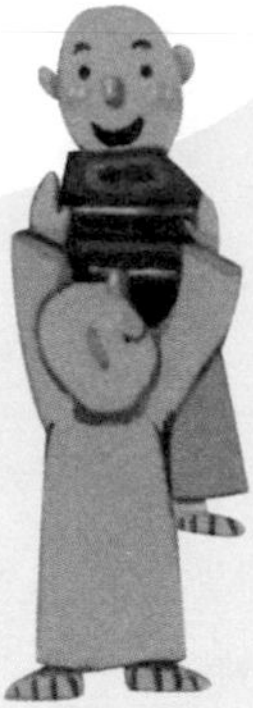

曾有僧伽大學同學問我：「如何看待法鼓山創辦人聖嚴師父圓寂後，團體所呈現的多元思考現象？」其實在法鼓山團體，多元觀點並非此刻才有的現象，以往師父也經常談起。例如團體為推動理念或是某項工作，即使活動由師父發起，僧俗弟子也會提出多元角度的看法，溝通協調也就顯得非常重要。師父向來非常重視建立團隊共識，在許多著作都談得相當深入。

而我現在扮演方丈角色，無論從我個人或由團體角度，我都不可能扮演與師父相同的角色。僧團已有體制、機制，聖嚴師父也已賦予明確的方向和目標。當我面對不同的意見表達，並不代表決策中心，而是給予各方同等尊重、傾聽、理解與包容。

凝聚共識是成事關鍵

理念的推動，除了方向與目標要清楚，與人互動，凝聚共識，更是成事關鍵。有時我們希望盡可能考慮到每個人的立場和需要，只是這樣的用心，不見得每位法師或是居士菩薩當下即能理解，必須透過適時地

回應互動，才能逐漸形成共識。

舉例來講，有時我到各地區或分院關懷，當我慰問某一方時，就有人說：「方丈和尚怎麼都替他們講話？」當我與另一方互動，也有人說我在偏袒對方。其實我沒有任何私心，只希望與大家共勉：從不同的角度看事情，我們所看到的世界便不同。要避免產生矛盾、對立、衝突，就要學習建立整體觀，彼此尊重，互相體諒包容。

因此，我有個深切體會，要成就眾人之事，必須「理解現象，包容狀況，持續溝通，成就修行」。凡事正面解讀，逆向思考，不以負面情緒反應處理。要抱願，不要抱怨；原諒，才能好緣亮！事實上，團體舉辦任何活動與課程，都是彼此支援、共同成就。

此外，我們對社會議題的回應，必定回歸法鼓山的理念、精神、方針與方法，尤其對應公眾議題，所分享的就是安心之道，心安才有平

安。我們常看到面對社會重大議題，多數人往往抱持單一觀點，堅持自己的立場。在這種情況下，心態上已有所執取、分別，也就難以避免對立、衝突。若能尊重人人各有立場、各別見解，而在表達自己的看法之餘，也能傾聽、包容他人的意見；同時觀照自己的態度及語氣，明辨是非，不存對立，才能夠有效溝通。

掌握原則，主動溝通

一個團體，有了體制、機制，所有共事者均須學習掌握原則，主動溝通協調，才能成就人與事的圓滿。處理個別議題，不能跳脫整體思考；整體思考，也要讓個別議題有發展的空間，這便是求同存異，理事融合。

法鼓山有四大堅持：第一是理念，第二是三大教育，第三是四種環保，第四則是以漢傳禪佛教與世界佛教接軌。法鼓山的根本是以漢傳禪佛教為基礎，發展漢傳禪佛教的優點，而為世界佛教及人類奉獻。佛法只有一味，即解脫味，只是各個傳承努力的著力點有所不同。如何與其他佛教團體共同合作？那就要回到佛法講的因果、因緣，同時掌握法鼓山理念，做為參與各種活動的原則。

近年法鼓山常參與各種國際活動與教界交流，不一定由方丈出席，而視各活動的種類與性質，由僧團推派相關執事法師參加。例如天主教梵諦岡教廷邀請的宗教和平會議，或是國內外重要的宗教對話與交流活動，我們都會支持響應。有些活動經評估之後婉謝參與，並不代表彼此沒有交集，或是我們不認同，而是時間或人力安排等因素不具足，不能一概而論。

世俗常把棘手的難題視為挑戰，我在許多場合都是這麼說：不必把問題視為挑戰，而是珍惜每一次體驗、鍛鍊、學習與成長的契機，成就我們修福修慧的菩薩行資糧。

09

如夢如戲，法住法位

近年常有世界各地佛教團體來訪法鼓山世界佛教教育園區，即使來訪者的傳承系統有別，大家所關注的議題則相當一致。我們經常談起的，一個是關於佛教道

場的現代化，一個是道場修行的傳承。至於團體負責人的產生制度，以及當任者的心路歷程，也見於訪客備感興致的話題之列。

就有一位韓國比丘問我：「擔任方丈，最困難的是什麼？」我說：「沒有困難。」此非狂妄自大，而是分享方丈執事心境。我並沒有個人想做的私事，唯有應團體與社會大眾需要之事全力以赴，從中學習扮演好「方丈」角色，不自以為是，不獨斷而行。

不忘失修學菩薩道的承諾

「方丈」是僧團交付的執事任務，只是現階段由果東領執。法鼓山是眾緣和合、眾願成就、眾人凝聚的團體，行菩薩道是我們共同的承諾。只要僧俗四眾凝聚向心力，同心同願，即使遇到逆境，也能冷靜沉著、耐心毅力去克服處理，因此我說沒有困難。

方丈的職責，是依循創辦人聖嚴師父的教導，與僧俗四眾共同推動理念。對於各界建言及社會大眾關注的議題，則從教團整體能力資源考量，適時回應。我們必須感恩社會各界對法鼓山的愛護及指教，實含有對聖嚴師父「愛屋及烏」的感念。至於指教，有針對我個人的建議，有對團體發展的寶貴意見。針對我個人的指教，我願虛心接受，有則改之，無則避免。若就團體指正，且為重要建議方案，則由方丈召集教團決策機制列案討論，建立共識。

盡心盡力，隨緣努力

法鼓山是以理念領導，而非個人領導的團體。方丈的「接位」，不是接受權位，乃是法住法位，只有服務與奉獻的義務，絕無權力或權勢之爭。而我個人於此階段性任務，只有盡心盡力，隨緣努力；轉化壓力，

成為助力。當任期屆滿，退位方丈即是清眾，由僧團另外賦予新的任務；執事不同，服務與奉獻的本分則是一致。

面對一切順逆因緣，謹慎積極地妥善處理，進而改善、跨越困境，是我多年累積的心得。正如人生如夢如戲，而如夢如戲的人事物，卻都是成就我們發菩提心、行菩薩道，邁向成佛的資糧。

傳家箋

方丈的「接位」，不是接受權位，乃是法住法位，只有服務與奉獻的義務，絕無權力或權勢之爭。

Chapter 4

福慧行動家

01

成為真正的佛教徒

日常生活中，有許多人自稱是佛教徒，常讀佛經、看佛書，卻從未有皈依的想法。也有人認為，一切宗教的本質都是勸人為善，只要不存歹念，「心好就好」，也就等於懷有宗教情操了，又何必成為佛教徒呢？

對佛教與皈依的誤解

為什麼多數人認同佛教，卻未皈依，原因值得關注。若從近年我與社會大眾互動所得的觀察，大致可歸納為三種現象：一種是對佛教的籠統概觀，另一種是對皈依的誤解，還有一種是將「佛學」視同「學佛」。

首先是對佛教的籠統概觀：有這種想法的人，通常是將佛教、儒家思想，以及道教、民間信仰融合一談，認為人生於天地間，造惡、為善自有神靈看著，只要自己不做惡、不傷人就好。因此平時見廟燒香，逢年過節帶著家人到寺院祈福，便自認為是佛教徒了。也有些人情感上認同佛教，但對於某些佛教徒將信仰視為許願、還願的商業交易工具，認為匪夷所思，而提出嚴正批評。

其次是對皈依的誤解：例如以為皈依是神祕的，或者認為皈依，是否就是準備要出家了？有些人則認為皈依是束縛、不自由的枷鎖，假使

不小心犯錯，還要罪加一等，又何必自找麻煩？也有些人堅決要等自己深入經藏，觀念透徹後，才願意皈依。

第三種情形，是將讀佛經、看佛書，視為怡情養性的涵養。這樣的人還真不少，他們覺得佛教的觀念對自己有助益，也說無常、無我、慈悲與智慧。或是特別喜好禪修，在家中也有禪坐的空間，卻未必有興趣參加修行活動；在他們的觀念裡，佛學就如一般的哲學思辨與精神修養。

以上種種，皆是源於不甚了解佛法的緣故。以宗教師立場，我當然希望人人都能理解佛教的本來面目及皈依的意涵。只是一切現象不離因果、因緣，除當事人的觀念與心態，來自佛教團體的作為及個別佛教徒的一言一行，也在形塑佛教整體形象的過程中，扮演決定性的因素。因此，法鼓山團體對於佛法推廣，首重個人實踐，以佛法感化自己，而用慈悲、智慧感動他人，若能身體力行，也就能在無形中達到弘法的功能。

以佛法認識佛法

在一支法鼓山簡介影片中，聖嚴師父說道：「我總認為這個世界上，只要有佛的智慧、慈悲就夠了。」這段話讓許多人動容。從我的理解，師父的用心是為了幫助尚未接觸佛法的社會大眾，也能受用佛法的利益，因此淡化了佛教的名相與名詞，而以社會共通的語言，表達佛法的根本精神。包括我自己在公眾場合的談話，也特別重視佛法生活化、生活佛法化，共勉建立因果、因緣的人生觀。

既是如此，為什麼還要鼓勵大眾皈依呢？因為我們衷心希望有心接觸佛法、認同佛法的人，能夠依循正統的學習管道來認識佛法、體驗佛法。皈依之後，會有老師、同學互為善知識，彼此探討正信的佛法知見。以佛法來認識佛法，以佛法來理解佛法，才不至於誤解佛法，常在佛法的門外迂迴繞圈。因此，鼓勵有心學佛者都能夠皈依三寶，成為正式的佛教徒。

02

皈依三寶，正信學佛

佛教認為，生而為人是殊勝難得的事，今生為人，不見得來世亦得人身。在三世流轉的生命長河裡，生命型態會隨著現世今生的所作所為而改變、轉換。

人有三種生命

從佛法來講，一般人具有兩種生命，皈依之後，則有第三種生命。第一種是無盡時空中短暫而有的「身命」，也就是父母給予的肉體生命，隨出生而有，隨死亡而消失。另一種是隨業力流轉的「生命」，即相續相緣的過去、現在、未來三世。

第三種生命，來自聽聞佛法、思惟佛法，親自去體驗增長佛法的慈悲、智慧，稱為「法身慧命」；直至成佛，法身慧命依然存在。皈依三寶，便是開啟法身慧命的起點。

皈依必須三寶具足

皈依的意思，是皈信、皈敬、依靠、依屬；三寶指佛、法、僧。

「佛」是覺的意思，覺知宇宙真理實相的自然法則：緣起、無常、無我、空。自覺是智慧，覺他是慈悲，自覺覺他圓滿，即是福德智慧圓滿的佛。「法」是正的意思，由佛所開示如何自覺覺他的觀念與方法，幫助我們心理平衡、精神昇華、人格穩定，邁向慈悲、智慧健全圓滿。「僧」是淨的意思，主要指住持佛法、教導佛法、弘揚佛法的出家團體。

三寶之中，佛是佛法的源頭，引導慈航，幫助我們轉迷為悟。法是佛教的根本，透過觀念的疏導與方法的運用，使我們棄邪歸正。僧是佛教的重心，幫助我們不受誘惑、打擊、汙染，化染為淨。

如果只皈依佛，而不皈依法、不皈依僧，會落入盲目地崇拜信仰，只是一種神格的崇拜，而不能接受到提昇自我精神領域的觀念及方法。如果只皈依法，而不皈依佛、不皈依僧，則與信仰沒有關係，也不能接受到正確的修行指導與傳承，只是在研究學問而已。如果只皈依僧，而不皈依佛、不皈依法，就會落入個人崇拜，而不知道佛法的源頭及佛教的根本，僅如一般世俗認義父、義母的情感結合。皈依必須三寶具足，才是一個正信、正知、正見、正行，有慈悲、有智慧的佛教徒。

佛教是重視理性的宗教，佛弟子對於佛教的創始者——釋迦牟尼佛，是以學生對老師的情懷自居，以感恩心向老師學習。然而就信仰層面來講，三寶弟子的皈依，則是皈依十方三世一切諸佛、一切尊法、一切賢聖僧。原因何在？

因為釋迦牟尼佛在成佛之前，是以菩薩的身分修行而成佛。同樣地，現在的凡夫菩薩，透過不間斷地修福修慧，未來也將成佛。佛教的時間觀，有過去、現在、未來的無量三世；佛教的世界觀，有十方無數的三千大千世界。例如我們所生存的地球，稱為娑婆國土，即是一個三千大千世界，由釋迦牟尼佛所教化。除了地球以外，還有無數無量的佛，在其所處的佛國淨土教化眾生、指導眾生修行。

因此，佛弟子皈依三寶，既是皈依現此娑婆世界的佛、法、僧三寶，並向十方三世一切諸佛、尊法、賢聖僧禮敬皈依。這也激勵著三寶弟子生起世世常隨佛學、常行菩薩道的堅固信心。

法鼓山歷年舉辦皈依典禮，僧團均會贈送一條佛牌項鍊，並由法師親自為新皈依弟子掛上。這條項鍊，一面是釋迦牟尼佛，一面是觀世音菩薩，寓有學佛、行菩薩道的期許。「釋迦牟尼佛」的一面向內，象徵人人本具清淨的佛性；「觀世音菩薩」的一面對外，代表聞聲救苦。或是「觀世音菩薩」向內，學習觀自在，一切無礙；「釋迦牟尼佛」朝外，學習無我的智慧、平等的慈悲，接引大眾來學佛。

03

佛教徒的修行護照

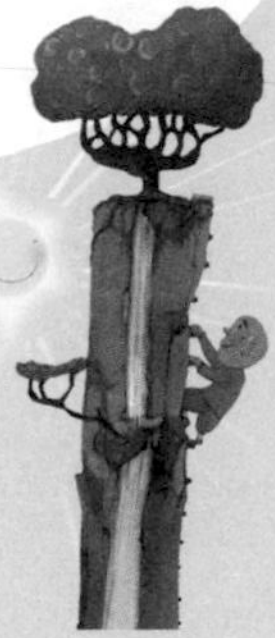

皈依三寶，如同一般學生入學註冊。然而註冊取得學籍，尚不等於學力，只能代表具有學生的身分。成為一名真正的佛教徒，須從持戒開始。其中以五戒十善為持戒基礎，目的在於建立良好的生活軌範；對此，聖嚴師父巧妙比喻為「人間天上的護照」。

戒是保護非束縛

有些人一聽到戒，覺得有種不自由的束縛感。其實戒的功能，在於保護，而非束縛。戒的精神，則是清淨、精進，能使我們不放逸、不後悔，身心清淨，少煩少惱，得現世和樂與後世安樂。

五戒的內容為：不殺生、不偷盜、不邪淫、不妄語、不飲酒及不用毒品。

一、**不殺生戒**：主要是指不殺人，也包括不自殺、不傷自他及不殺害動物，目的在於長養慈悲心。至於皈依以後，是否一定要吃素呢？素食的目的，同樣也為培養慈悲心。佛教並沒有特別要求素食，假使能夠吃素很好，若是仍有肉食的口腹之欲，至少不要親自殺害動物，或是教人殺害、聽聞殺害動物的聲音。

二、**不偷盜戒：**主要是不搶取、不偷竊他人之財物。凡是未經物品擁有者允許而自行取用，即是犯了偷盜戒，包括非分及不義之財物，也應當避免。

三、**不邪淫戒：**主要是為了維護身心健康、家庭和樂及社會倫理秩序。現代社會的情感關係，除了男女兩性情感，也包括同性情感，都需要從自身做起，避免陷入感情糾紛，更不應破壞他人婚姻當第三者。若曾經犯過，就要反省檢討，悔過自新。在這種情況下，還是可以皈依受戒。

四、**不妄語戒：**主要是不以欺騙的手段、惡毒語、挑撥離間語及綺語（花言巧語），對他人或團體造成傷害，從中謀取個人的私利。

五、**不飲酒戒及不用毒品：**佛教是重視智慧的宗教，飲酒雖非不善行，然而酒精會使人喪失理智，做出不得體的行為，甚至可能因此犯下殺、盜、淫、妄等惡行，因此佛教將不飲酒列為基本戒條。現代人偶爾會面臨交際應酬的場合，可以主動告知已皈依三寶，不再飲酒，或以茶水、果汁代替，通常對方便能理解。假使因自己定力不足，無法守戒，不必為此懊悔，但要慚愧懺悔，勉勵自己漸漸也能做到，守持不飲酒戒。至於吸食毒品，除了造成身心戕害，亦對家庭和樂及社會秩序危害甚大，應當避免。

以上五戒，鼓勵每位皈依弟子都能夠發願受持，不要因為擔憂自己做不到而產生心理負擔。至少受戒的當下，已經播下清淨的種子，再逐漸調整、改善就好。

修正身、語、意轉化身心

十善則是五戒的延伸，包括：身離殺、盜、邪淫（出家不淫）；口離妄言、綺語、兩舌、惡口；心離貪欲、瞋恚、不正見。所謂修行，實

際上就是透過身、語、意三種行為的修正改善，保護自己，愛護他人。

佛教對於持戒相當重視，指出五戒為「五大施」，同時將「戒」列為「六度波羅蜜」及「七聖財」的修學範疇。在戒、定、慧三學中，戒能生定，定能發慧。釋迦牟尼佛也說：「戒能淨慧，慧能淨戒；有慧則有戒，有戒則有慧。」戒與慧，如同洗手時雙手搓揉，以左手來洗淨右手，用右手來洗清左手，互為助力，相輔相成。由此可見，受戒、持戒之於修學佛法的重要。祝願每位三寶弟子都能取得聖嚴師父所勉勵的這本「人間天上的護照」。

傳家箋

所謂修行，實際上就是透過身、語、意三種行為的修正改善，保護自己，愛護他人。

04

懺悔、發願消煩惱

學佛，主要是修習戒、定、慧三學。戒，能使我們不受誘惑、汙染；定，能使我們心平氣和、不混亂；慧，能使我們不起煩惱、不受困擾。透過戒、定、慧三學的次第熏習與漸修，幫助我們從觀念、心態及行為上，逐漸止息貪、瞋、癡、慢、疑、邪見等無明煩惱，即人心淨化與人品的提昇。

佛世時代的出家人或者在家居士，往往向釋迦牟尼佛請法後，因為觀念與方法清晰了，當下便能心開意解，離苦得樂。現今世界的時空背景，物質生活雖已大幅提昇，可是身處五光十色的滾滾紅塵，一般人面臨的誘惑特別多，導致欲望無止盡；加上科技文明的日新月異，以致生活步調緊張，造成壓力，而使精神生活未能成正比成長。皈依後，開始聽聞佛法，或許無法即刻便有所悟，反而要坦然認知自己仍有許多的無明煩惱習氣需要懺除，才能下定決心修正自己行為的偏差。

以法鼓山近年舉行的皈依典禮為例，在正授三皈五戒儀式前，都會帶領大眾懺悔禮拜，主要是念〈懺悔偈〉：「往昔所造諸惡業，皆由無始貪瞋癡，從身語意之所生，今對佛前求懺悔。」經由懺悔禮拜，懺除往昔迄今的一切煩惱障礙，以殷重懇切之心，納受戒體，開啟法身慧命。

發願的意義

同時鼓勵大眾發〈四弘誓願〉：「願度一切眾生，願斷一切煩惱，願學一切佛法，願成無上佛道。」即是向聖賢心行自期。但是有些人卻無法體會發願的懇切心，甚至為了不知如何發願而起煩惱。

發願的意義，在於有個目標與方向，根據目標踏實履行，而不流於好高騖遠的空願。對聖人而言，願是自然流露的修行功德，無須刻意發願即已在願海中。三寶弟子則須透過發願，幫助自己精進學法，增長慈悲、智慧的動力，即使帶點勉強，也是精進的過程，不必對此煩惱罣礙。經常懺悔、發願，自我中心的執著煩惱會逐漸消融，而能生起法喜的安樂。

我們也勉勵所有皈依的三寶弟子，要能經常參加各種共修，透過信、解、行、證，得到真實的法益。此時，感恩、報恩心油然而生，便會迫不及待想要與人分享。事實上，感恩與發願，即是迴向的意義；迴向和發願，則能使我們更加精進修行。由於感恩自己能夠學佛，而將這份法喜，迴自向他、迴少向多、迴小向大，使他人也能得到佛法利益，心開意解，離苦得樂。這才是自覺覺他，真正回歸佛陀的本懷。

受持三皈五戒開啟新生命

佛法指出，以懇切心、恭敬心受持三皈五戒，可得現世利益及來生福報，至少有八種利益。一、成為佛弟子；二、是受戒的基礎；三、減輕業障；四、能積廣大福德；五、不墮惡趣；六、人與非人不能擾亂；七、一切好事都能成功；八、能成佛道。

每當皈依典禮圓滿，我都會祝福新皈依弟子：「生日快樂！」「生」是法身慧命的誕生，「日」代表光明的智慧。每天都能展現慈悲、智慧的光明，日日新生，天天快樂，多好！

05

如何行菩薩道？

禪宗六祖惠能大師說：「何期自性，本自清淨；何期自性，本不生滅；何期自性，本自具足；何期自性，本無動搖；何期自性，能生萬法。」這個自性即是佛性，佛性即是空性。每個人都具有清淨無染的智慧佛性，只因被無明、煩惱、妄想、執著所遮覆，而無法顯現。學佛的過程，便是透過成佛的觀念與方法，除滅無明煩惱，消融妄想執著，開啟人人的本來面目。

修學佛法有種種法門，大致可分三類：人天道、解脫道及菩薩道。以五戒十善為人天道基礎，以戒、定、慧三學為解脫道的德目；菩薩道則涵蓋三學及五戒十善，乃是佛教的根本。

發菩提心利益眾生

大乘佛法一向重視利人利己的菩薩行，尤看重以利他的過程，來成就個人生命品質的提昇。凡是愈能夠為人著想，自我中心的執著就愈淡化，而愈有慈悲、智慧。因此剛開始學佛，就要發利益眾生的菩提心。

利益眾生的法門，主要以四攝、六度為總綱，此為菩薩道的專修課程。事實上，《阿含經》也強調四攝法門，透過與大眾結法緣、結善緣

的過程，才能自度度人，利人利己。

所謂四攝，是指布施、愛語、利行、同事。出發點是站在對方的立場，同理設想、同甘共苦，才能感動攝化所關懷的對象。

一、**布施**：有財施、法施及無畏施。運用自己的時間、心力、體力、智力、物力等一切資源，幫助需要濟助的人，使社會資源適當調節，便是財施。法施是分享佛法的觀念與方法，使人安心、安身、安家、安業。無畏施是給人信心、給人安慰，助人遠離恐懼、憂慮、害怕的慈悲心。

二、**愛語**：是以真誠心設身處地為對方設想，而說與慈悲、智慧相應的安慰語、勉勵語、柔軟語，達到有效溝通。

三、**利行**：是成就利他的奉獻服務。從個人至家庭、職場、團體、社會，都可透過利行，改善人際互動，互助共榮。

四、**同事**：是契機融入於社會各階層，同甘共苦，和合共事。

人間淨土的著力點

六度，指布施、持戒、忍辱、精進、禪定、般若，又稱六波羅蜜。波羅蜜是出離、超越、解脫的意思，即透過六種超越煩惱及苦的方法，到達究竟清淨、自在的彼岸。以下簡介六度意涵：

一、**布施**：在於慈悲喜捨，多結善緣。

二、**持戒**：在於止惡行善，身心清淨。

三、**忍辱**：在於任勞任怨，廣種福田。

四、**精進**：在於步步踏實，細水長流。

五、**禪定**：在於安定不亂，禪悅為食。

六、**般若**：在於無我智慧，無住生心。

至於日常生活中如何實踐六度？聖嚴師父於一九九〇年提出的〈四眾佛子共勉語〉，雖為早期建設法鼓山，凝聚僧俗四眾共識而寫。其中所

蘊含的學佛基礎觀念與實踐方法，亦可供作三寶弟子的修學指南。

信佛學法敬僧，三寶萬世明燈。
提昇人的品質，建設人間淨土。
知恩報恩為先，利人便是利己。
盡心盡力第一，不爭你我多少。
慈悲沒有敵人，智慧不起煩惱。
忙人時間最多，勤勞健康最好。
為了廣種福田，那怕任怨任勞。
布施的人有福，行善的人快樂。
時時心有法喜，念念不離禪悅。
處處觀音菩薩，聲聲阿彌陀佛。

在二十句共勉語中，聖嚴師父特別指出，前二句「信佛學法敬僧，三寶萬世明燈」，與後二句「處處觀音菩薩，聲聲阿彌陀佛」最為重要。指出學佛的信心，從皈依三寶開始，而以「處處觀音菩薩，聲聲阿彌陀佛」為修行觀念與方法，亦是行菩薩道的願心；期許人人成為觀音、彌陀的化身，自己常能安心、充滿希望，也帶給人間社會溫暖與光明。

「知恩報恩為先，利人便是利己」，強調發利益他人的菩提心，是菩薩道的承諾。如果僅是自利，所得到的成長有限，並且是不可靠的；透過利他的方式來成長自己，所得到的利益才有保障。「慈悲沒有敵人，智慧不起煩惱」，則點出慈悲與智慧，是學佛的一對雙翼，缺一不可。慈悲心是為眾生服務，只要有服務的心，也就能消融自我中心的執著。智慧心是斷煩惱，並且用斷煩惱的智慧去幫助他人離苦得樂。真正的智慧必有慈悲，真正的慈悲含有智慧。用智慧提昇自己的人品，以慈悲幫助他人提昇人品，便是法鼓山理念「提昇人的品質，建設人間淨土」的著力點。

至於「布施的人有福，行善的人快樂」、「盡心盡力第一，不爭你我多少」、「為了廣種福田，那怕任怨任勞」、「忙人時間最多，勤勞健康最好」、「時時心有法喜，念念不離禪悅」等五對十句，則與「六度」中的布施、持戒、忍辱、精進、禪定相應。

從共勉語可以看出，學佛以信心、願心為要，為了自度度人，當發菩提心。至於利人利己的修為，則在實踐六度。

六度萬行，傳心傳家

緣此，二〇一七年法鼓山年度主題，即以「福慧傳家」與社會大眾共勉，並提出「修福修慧，安心安家；六度萬行，傳心傳家」做為實踐方針。期許人人學習慈悲、智慧，讓自己成為一股安心的力量。再從

照顧自他與環境的倫理著手，以六度法門，自度度人、自安安人。其中最基本的，便是以家做為修福修慧的菩薩道場；並漸次擴展至生活、校園、自然、職場、族群等環境，建立生命共同體的共識，盡心盡力，為環境中的一切人事物奉獻。

例如法鼓山一向稱義工為「萬行菩薩」，儘管每位義工仍是凡夫身，尚無法具足六度，然而只要盡心盡力，能做多少分，就是多少分的菩薩；一時無法成就萬行，能做到一行、二行，便已是自度度人的人間菩薩。已經皈依的三寶弟子，不妨也以「萬行菩薩」自勉，以凡夫身，建設人間淨土，學習安心安身、安家安業；經由潛移默化，影響下一代學習悲智雙運的人生觀，才是真正的福慧傳家。

06

如何接引家人學佛？

「隨師學佛，隨眾推動理念」，是聖嚴師父對法鼓山僧俗四眾的叮嚀。我很感恩各地的護法居士因認同師父提出的法鼓山理念，各於不同的時空因緣親近法鼓山，共同推動理念，落實教育與關懷。

有時信眾會體恤我說：

「方丈與法師們好辛苦，為了度眾生，處處弘法。」其實我個人從未認為我在度眾生，實為大眾成就我修福修慧的契機。

分享佛法，灑甘露水

《金剛經》講：「滅度一切眾生已，而無有一眾生實滅度者。」對眾生來講，佛是度了眾生，但是對佛來講，那是眾生各以自己的善根、福德與因緣，因與佛法的觀念及方法相應，故能自度。聖嚴師父有個形容：法師對信眾的關懷，如同「灑甘露水」。大眾心中已有菩提種子，法師的勸勉、慰問及指導佛法，則在為眾生心中已有的菩提種子，增加一分成長的助緣。居士菩薩接引家人學佛，也應抱持相同的態度，肯定家人具有菩提種子，而我們能夠做的，是促成因緣，使種子生根發芽。

因此，當有些信眾感慨地說：「最親近的家人，怎麼反而最難接引呢？」通常我會反問：「今天是誰送你來道場呢？」「你來做義工、參加共修，家人有反對嗎？」結果發現，居士菩薩們能有時間、有心力來護持道場，多半還是來自家人的支持與成就。

接引重在接心

多數人希望接引家人學佛，是基於推己及人的善念，因為自己感受佛法的好，希望家人也能同享法益。然而接引要契機契理，即使是長期相處的一家人，仍須正視各有不同的人生閱歷、看法及觀念。例如有的人一時無法適應大眾共修活動，可先分享佛法文章或是推薦書籍、影音。有的人對佛學名相、名詞感到深澀難懂，而對做義工、外護有興趣，此時可從適合的活動接引。有的人重於法義的理解，從聽經聞法入門，更能相應。

佛法有八萬四千法門，正說明眾生根器千差萬別，也與人生歷練有關。比如對憧憬理想、躍躍欲試的年輕人，直接談苦、空、無常、無我，會不契機。若與他們分享「認識自我、肯定自我、成長自我、消融自我」，則可幫助年輕人建立踏實的人生觀，漸次提昇為超越自我的人生觀。

接引家人最好的方式，在於自己的一言一行。學佛以後，習氣是否淡化？品德、品格是否提昇？對家人的態度是否更柔和溫馨、體諒包容？假使家人看不到你的轉變，從你身上也感受不到慈悲、智慧，卻聽你不斷強調學佛的好處，大概難以認同。接引，重在「接心」。首先是「感恩心」：感恩家人成就學佛，更應做好照顧家人的責任。其次是「誠心」：真誠分享學佛心得，也要尊重家人感受，不使對方煩惱。三是「放下得失心」：盡心盡力，隨緣努力，不執著得失，也就沒有壓力。

自己以身作則，實踐佛法，再以「感恩心」、「誠心」、「放下得失心」，善巧方便接引家人，也就容易與家人「接心」了。

07

如何掌握讀經的要領？

有些人平時習於讀誦《金剛經》，遇特殊情況則改誦《阿彌陀經》、《普門品》。曾經有人問我：「誦不同經典，會有衝突嗎？」

這要從相應與修行的意涵說起。所謂相應，有和合、不相離的意思，比如心與境和

合，身心與佛法不相離，或是大眾為了共同的目標而響應，都是相應。至於修行，則是把握佛法的緣起法則，修正心行、身行及言語行為的偏差。因此，身心行為與平等的慈悲、無我的智慧不相離，即是相應的修行。

讀經兩大原則

剛開始接觸佛法，特別是從佛經入門者，建議可掌握兩個要則：第一，自少向多，由淺入深，循序漸進。從文句篇幅較短的經典入門，比如《心經》、《金剛經》。初期可能無法理解經文意涵，只要一字一句專注誦讀，即可幫助身心安定，漸漸也能生起不同層次的體會。其次，把握自己受用的經文，即使一句話也好，經常在日常生活中體用，才能幫助我們減少煩惱。

例如常有人分享，不同時期讀聖嚴師父的同一本著作，每次都有新的收穫。其實書中文字並沒有改變，只因當事人的人生歷練及對佛法的體驗已然不同，而有截然不同的閱讀感受。此外，讀經也讀心，漸漸可隨攝心、安心的力量，清楚覺察並修正偏差的觀念與行為。如能體驗緣起、無常、無我、空的自然法則，則能放下執著而離苦，更能與慈悲、智慧相應。

在生活中體驗經典

至於現實生活中，有時為了所要祝福的對象，如為往生者誦念《阿彌陀經》，或為生病的親友誦《藥師經》，出發點雖是祈願祝福，攝心與安心的功能仍是相同。內心愈安定、清淨，迴向祝福的力量愈廣大。

從閱讀經典，提起受用的一、兩句話，是觀念相應。生活中面對各種境界，提起佛法消融自我中心執著，是身心與佛法相應。當思惟佛法與日常生活的行為和合、不相離，則是生命與佛法相應的信、解、行、證。建議初學者，可自少向多，由淺入深，循序漸進地深入法義。

08

理解人間世，善盡本分事

常有人問我：「如何區分正信佛教與新興宗教的不同？」有關新興宗教現象，我一向抱持尊重的態度，兼以分享正確信仰的基本觀念。

從歷史來看，一切信仰及宗教的出現，都是因緣和合的現象，始於人類身心安頓的需求，故有宗教與信仰問世。

由古至今，各個宗教皆是歷史上某一時期新生的信仰。例如二千六百多年前的印度社會，佛教即是當時的新興宗教。不過，從新興宗教發展成為百年、千年的傳統宗教，其教義必然具有共通性、普遍性、安定性的正向價值，才能跨越不同世代，延續至今。例如佛法講「慈悲」、「智慧」，天主教與基督教講「大愛」，伊斯蘭教講「寬容」、猶太教講「愛人如己」，為一切正信宗教共通的價值。反之，假使宗教的信仰者在實踐教義過程中，致使個人身心行為產生異常，或使家庭違和、社會不安，以及對人類生存及和平造成威脅，建議能對所信仰的教義重新詮釋。

善盡本分事

數十年來，由於幾位大師及佛教團體共同努力，佛教已成為臺灣社會倚重的一股安定力量。偶爾當佛教界發生輿情關注事件時，法鼓山也

難免受到矚目。事實上，所有關切的聲音都代表督促關懷，勉勵我們做好「本分事」。法鼓山僧俗四眾的本分事，即在實踐「提昇人的品質，建設人間淨土」理念，以心靈環保為核心主軸，推廣佛教人間化、佛學人性化、佛法生活化，期以淨化人心、淨化社會。

以心靈環保建設淨土

禪宗六祖惠能大師講：「若見他人非，自非卻是左。他非我不非，我非自有過。」當我們看到、聽到他人的是非，不要加以評論，不應自讚毀他，否則即是自己的過失，對於道心尤為損減。

因此，面對宗教界議題，勸請大眾練習做到兩點：第一，對所有信仰抱持尊重的態度；其次，理解現象，勿自讚毀他。經常回到心靈環保，抱持謙卑、真誠的態度，關照人品提昇、建設淨土，才是我們的本分事。

琉璃文學 33

福慧好當家
Building a Family of Blessings and Wisdom

著者	釋果東
插畫	菊子
出版	法鼓文化
總監	釋果賢
總編輯	陳重光
編輯	張晴、林蒨蓉
美術設計	化外設計
地址	臺北市北投區公館路186號5樓
電話	(02)2893-4646
傳真	(02)2896-0731
網址	http://www.ddc.com.tw
E-mail	market@ddc.com.tw
讀者服務專線	(02)2896-1600
初版一刷	2017年7月
初版四刷	2022年1月
建議售價	新臺幣240元
郵撥帳號	50013371
戶名	財團法人法鼓山文教基金會—法鼓文化
北美經銷處	紐約東初禪寺 Chan Meditation Center (New York, USA) Tel: (718)592-6593 E-mail: chancenter@gmail.com

法鼓文化

國家圖書館出版品預行編目資料

福慧好當家 / 釋果東著. -- 初版. -- 臺北市 :
法鼓文化, 2017.07
面； 公分
ISBN 978-957-598-753-4（平裝）

1.佛教修持

225.7 106009197

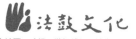